# Planchador/a
# del Servicio de Salud del
# Principado de Asturias

**Marzo, 2026**

# Curso

# Planchador/a

## SERVICIO DE SALUD DEL PRINCIPADO DE ASTURIAS

Si aún no dispones de tu **Curso MAD360**, te ofrecemos un acceso GRATIS de 30 días para que disfrutes de los siguientes recursos:

- Técnicas de Memoria 360.
- MADTEST: Test *online* Nivel PRO.
- Temario en formato digital.
- Vídeos.
- Esquemas.
- Planificación de estudio.
- Foro entre opositores hasta la fecha del examen.*
- Recursos y novedades exclusivas.
- Consúltanos sobre tu oposición y proceso selectivo.
- Actualizaciones legislativas (Boletines Oficiales) hasta 60 días antes de la fecha del examen.*

Para acceder a esta prueba del Curso MAD360** será necesaria la compra de todos los libros para esta especialidad de la edición 2026.

Regístrate en **mad.es/iniciar-sesion** y, en la pestaña **MIS CURSOS**, valida los códigos que encontrarás en la última página de tus libros. Recuerda que dispones de un plazo de **45 días desde la fecha de compra** para realizar la validación. Si no verificas tu matrícula, el periodo de uso del curso comenzará a contar aunque no hayas accedido.

---

**NOTA IMPORTANTE:**

\* Examen de esta categoría profesional correspondiente a la convocatoria publicada en el BOPA núm. 20, de 30 de enero de 2026, o hasta el 31 de marzo de 2027, lo que se cumpla antes, y previa renovación del servicio.

\*\* El acceso al CURSO MAD360 estará disponible desde marzo de 2026 (algunos recursos podrían estar disponibles en fecha posterior). Tendrá una duración de 30 días RENOVABLES mediante pago, desde la validación de códigos, o hasta el 30 de septiembre de 2027, lo que se cumpla antes.

MAD se reserva el derecho a ampliar dichas fechas.

# Planchador/a del Servicio de Salud del Principado de Asturias

## Test del temario

# Autores

**FRANCISCO JESÚS TORRES FONSECA**
Licenciado en Derecho

**TERESA MARÍA TORRES FONSECA**
Licenciada en Derecho

**ELENA GARCÍA FERNÁNDEZ**
Licenciada en Derecho

**LIDIA PONCE MARTÍNEZ**
Licenciada en Psicología

**JOSÉ LUIS GARRIDO VELA**
Licenciado en Derecho

**ANA MARÍA SERRANO BÁRCENA**
Licenciada en Biología

**JUAN MANUEL GIL RAMOS**
Licenciado en Medicina. Master en Salud Ambiental

**HERMINIA ANDRADES ROMERO**
Diplomada en Fisioterapia. Técnico Superior en Imagen para el Diagnóstico. Técnica Superior en Laboratorio de Análisis Clínico. Prevencionista de Riesgos laborales (grado intermedio). Auxiliar de Enfermería

© 7 Editores Recursos para la Cualificación Profesional y el Empleo, S.L. (7 Editores)
© Los autores
Primera edición, marzo 2026 (138 páginas)
Derechos de edición reservados a favor de 7 Editores
IMPRESO EN ESPAÑA
Diseño Portada: 7 Editores
Edita: 7 Editores
Avda. San Francisco Javier, 9 · Edificio Sevilla 2 · Planta 11 · Módulos 25-27 · 41018 Sevilla
Teléfono: 954 784 411 · WEB: www.mad.es · e-mail: administracion@7editores.com
ISBN: 979-13-702-8615-6
© "Editorial Mad" y "Eduforma" son nombres comerciales registrados de
7 Editores Recursos para la Cualificación Profesional y el Empleo, S.L.

# Índice

**PARTE GENERAL**

## PARTE ESPECÍFICA

# PARTE GENERAL

# TEST N.º 1

## La Constitución Española de 1978: el derecho a la protección de la salud en la Constitución

**1. ¿En qué parte de la Carta Magna se establece la exposición de motivos que impulsan la norma constitucional y los objetivos que con ella se pretenden alcanzar?**

a) En el Título Preliminar.
b) En el Preámbulo.
c) En el Título I.
d) En el Título II.

**2. La Constitución Española fue sancionada por:**

a) El Rey.
b) El Presidente del Congreso.
c) Las Cortes Generales.
d) El Presidente del Gobierno.

**3. ¿Cuáles de los siguientes españoles de origen pueden ser privados de su nacionalidad?**

a) Exclusivamente los miembros de grupos terroristas.
b) Los miembros de grupos terroristas y los que atenten contra el Rey u otro miembro de la Casa Real.
c) Los que atenten contra un miembro de la Familia Real o del Gobierno de la Nación.
d) Ningún español de origen podrá ser privado de su nacionalidad.

**4. Según la CE son fundamentos del orden político y la paz social:**

a) La dignidad de la persona, los derechos violables que les son inherentes y el respeto a la ley.
b) La dignidad de la persona, el desarrollo limitado de la personalidad y el respeto a la ley.
c) El respeto a la ley, a los reglamentos administrativos y demás disposiciones legales.
d) La dignidad de la persona, los derechos inviolables que le son inherentes, el libre desarrollo de su personalidad, el respeto a la ley y a los derechos de los demás.

**5. ¿Cuál de los siguientes es considerado por la CE como uno de los valores superiores del ordenamiento jurídico?**

a) La jerarquía normativa.
b) El pluralismo político.
c) La publicidad normativa.
d) La equidad.

**6. La forma política del Estado español es:**

a) Democracia parlamentaria.
b) Gobierno parlamentario.
c) Monarquía parlamentaria.
d) República democrática.

**7. La parte de la CE que regula la estructura de los principales órganos del Estado recibe el nombre de:**

a) Parte dogmática.
b) Parte orgánica.
c) Parte estatal.
d) Parte estructural.

**8. Según la CE, la soberanía nacional:**

a) Corresponde a las Cortes Generales, al estar compuestas por los representantes del pueblo.
b) Corresponde al Rey.
c) Reside en el pueblo español.
d) Corresponde al Gobierno de la Nación elegido directamente por el pueblo.

**9. El derecho a la propiedad en nuestra Constitución es un Derecho:**

a) Inherente a la condición humana.
b) Absoluto.
c) Limitado por la función social de la misma.
d) Ninguna de las respuestas anteriores es correcta.

**10. ¿En qué parte de la Carta Magna se señalan los valores superiores del ordenamiento jurídico?**

a) En el Preámbulo.
b) En el Título Preliminar.
c) En el Título I.
d) Ninguna respuesta es correcta.

**11. El principio en virtud del cual el ciudadano está amparado por una legislación no sujeta a continuos vaivenes es el de:**

a) Legalidad.
b) Publicidad normativa.
c) Seguridad jurídica.
d) Jerarquía normativa.

**12. El principio en virtud del cual un Reglamento no puede contradecir una ley es el de:**

a) Legalidad.
b) Jerarquía normativa.
c) Las respuestas a) y b) son correctas.
d) Seguridad jurídica.

**13. Según la Constitución, una norma que imponga una nueva pena más leve para un delito:**

a) No se aplica retroactivamente.
b) Puede aplicarse retroactivamente.
c) Ha de ser reglamentaria.
d) Atenta contra el principio de legalidad penal si se aplica retroactivamente.

**14. Todos los españoles, respecto al castellano, tienen el:**

a) Derecho-deber de conocerlo.
b) Derecho de usar y deber de conocerlo.
c) Derecho-deber de usarlo.
d) Nada de lo anterior.

**15. La capital del Estado en España es:**

a) La propia de cada Comunidad Autónoma.
b) La villa de Madrid.
c) Aquella donde se establezca en cada momento el Gobierno de la Nación.
d) Aquella en la que resida generalmente el Rey.

**16. El derecho a la vida se consagra en el siguiente artículo de la Constitución:**

a) 10.
b) 16.
c) 15.
d) 24.

**17. La pena de muerte en España:**

a) Ha quedado abolida.
b) Puede aplicarse en cualquier momento.

c) Solo se aplicará, en tiempo de guerra, a los militares.
d) Rige solo en el ámbito civil.

**18. La inmediata puesta a disposición judicial derivada del habeas corpus, se produce por:**

a) Detención ilegal.
b) Prisión ilegal.
c) Prisión preventiva.
d) Detención preventiva.

**19. El proceso en el que se enjuicie a un presunto delincuente debe:**

a) Ser sumario.
b) No dilatarse.
c) Entorpecer los instrumentos probatorios.
d) Nada de lo anterior es cierto.

**20. La entrada en un domicilio en caso de flagrante delito, sin autorización de su titular:**

a) Puede dar lugar a la aplicación del habeas corpus.
b) Requiere autorización previa de la autoridad judicial.
c) Puede efectuarse en todo momento.
d) No puede realizarse en momento alguno.

En MADTEST tienes **más preguntas de este tema**, y todos tus avances quedan registrados y se reflejan en el ranking.

**¡Supera tus límites con MADTEST!**

# Solución al test n.º 1

**1.** b) En el Preámbulo.

**2.** a) El Rey.

**3.** d) Ningún español de origen podrá ser privado de su nacionalidad.

**4.** d) La dignidad de la persona, los derechos inviolables que le son inherentes, el libre desarrollo de su personalidad, el respeto a la ley y a los derechos de los demás.

**5.** b) El pluralismo político.

**6.** c) Monarquía parlamentaria.

**7.** b) Parte orgánica.

**8.** c) Reside en el pueblo español.

**9.** c) Limitado por la función social de la misma.

**10.** b) En el Título Preliminar.

**11.** c) Seguridad jurídica.

**12.** c) Las respuestas a) y b) son correctas.

**13.** b) Puede aplicarse retroactivamente.

**14.** b) Derecho de usar y deber de conocerlo.

**15.** b) La villa de Madrid.

**16.** c) 15.

**17.** a) Ha quedado abolida.

**18.** a) Detención ilegal.

**19.** b) No dilatarse.

**20.** c) Puede efectuarse en todo momento.

# TEST N.º 2

**Ley 14/1986, de 25 de abril, General de Sanidad. Sistema Nacional de Salud: el derecho a la protección de la salud (Título Preliminar). Estructura del sistema sanitario público (Título III)**

**1. ¿De cuántos Títulos consta la Ley General de Sanidad?**

a) Cuatro.
b) Cinco.
c) Seis.
d) Siete.

**2. ¿En qué Título de la Ley General de Sanidad, se regula la estructura del sistema sanitario público?**

a) Título I.
b) Título II.
c) Título III.
d) Título IV.

**3. Las Áreas de Salud serán dirigidas por un órgano propio, donde deberán participar las Corporaciones Locales en ellas situadas, con una representación no inferior al:**

a) 20 %.
b) 30 %.
c) 40 %.
d) 50 %.

**4. Los Consejos de Salud de Área estarán constituidos por organizaciones sindicales más representativas, en una proporción no inferior al:**

a) 25 %.
b) 30 %.
c) 40 %.
d) 50 %.

**5. Entre las características fundamentales del Sistema Nacional de Salud, no se encuentra:**

a) La extensión de sus servicios a toda la población.

b) La coordinación y, en su caso, la integración de todos los recursos sanitarios públicos en tres dispositivos únicos (estatal, autonómico y local).

c) La prestación de una atención integral de la salud procurando altos niveles de calidad debidamente evaluados y controlados.

d) Todas son correctas.

**6. ¿En cuántos niveles organizativos se divide el sistema sanitario español?**

a) Tres: central, autonómico y áreas de salud.

b) Dos: central y autonómico.

c) Central, del que derivan el autonómico y local.

d) Únicamente el central.

**7. Para la delimitación de las zonas básicas no deberá tenerse en cuenta:**

a) El grado de concentración o dispersión de la población.

b) Las características epidemiológicas de la zona.

c) Las instalaciones y recursos sanitarios de la zona.

d) Las distancias mínimas de las agrupaciones de población más cercanas de los servicios y el tiempo normal a invertir en su recorrido usando los medios ordinarios.

**8. El Título II de la Ley General de Sanidad, regula:**

a) El sistema de salud.

b) La estructura del sistema sanitario público.

c) Las actividades sanitarias privadas.

d) Ninguna es correcta.

**9. Las acciones de coordinación y cooperación de las Administraciones Públicas sanitarias, no comprenderán:**

a) Las prestaciones sanitarias.

b) La farmacia.

c) Los profesionales.

d) La salud privada.

**10. ¿Cuál de las siguientes no es una característica del modelo establecido por la Ley General de Sanidad?**

a) Descentralización.

b) Atención Primaria.

c) Gratuidad.

d) Participación de la Comunidad.

**11. Señala la respuesta incorrecta. Son características fundamentales del Sistema Nacional de Salud:**

a) La extensión de sus servicios a toda la población.

b) La coordinación y, en su caso, la integración de todos los recursos sanitarios públicos en un dispositivo único.

c) La prestación de una atención integral de la salud procurando altos niveles de calidad debidamente evaluados y controlados.

d) La financiación exclusiva de las obligaciones sanitarias por los ciudadanos.

**12. En el ámbito de la Atención Primaria, las Áreas de Salud deberán desarrollar las siguientes actividades:**

a) Fórmulas de trabajo en equipo.

b) Programas para la promoción de la salud.

c) Programas para prevención, curación y rehabilitación de los enfermos.

d) Todas son correctas.

**13. La Ley 14/1986, de 25 de abril, General de Sanidad, establece que las piezas básicas de los Servicios de Salud de las Comunidades Autónomas son:**

a) Las Áreas de Salud.

b) Los Distritos Sanitarios.

c) Las Comarcas Sanitarias.

d) Las Zonas de Salud.

**14. ¿Cuál es el órgano de dirección de las Áreas de Salud?**

a) El Consejo de dirección de área.

b) El Gerente de área.

c) El Consejo de salud de área.

d) La Comisión de salud de área.

**15. ¿Qué principio contemplado en la Ley General de Sanidad dispone que en cada Comunidad Autónoma se constituirá un Servicio de Salud integrado por todos los centros, servicios y establecimientos de la propia Comunidad, Diputaciones, Ayuntamientos y cualesquiera otras Administraciones territoriales intracomunitarias, que estará gestionado bajo la responsabilidad de la respectiva Comunidad Autónoma?**

a) El principio de solidaridad sanitaria.

b) El principio de responsabilidad.

c) El principio de coordinación.

d) El principio de integración.

**16. Como regla general, y sin perjuicio de las excepciones a que hubiera lugar, atendidos los factores geográficos, socioeconómicos, demográficos, laborales, epidemiológicos, culturales, climatológicos y de dotación de vías y medios de comunicación, el área de salud extenderá su acción a una población:**

a) No inferior a 100.000 habitantes ni superior a 150.000.
b) No inferior a 150.000 habitantes ni superior a 200.000.
c) No inferior a 200.000 habitantes ni superior a 250.000.
d) No inferior a 250.000 habitantes ni superior a 300.000.

**17. ¿Cuál es el órgano de participación de las Áreas de Salud?**

a) El Consejo de dirección de área.
b) El Gerente de área.
c) El Consejo de salud de área.
d) La Comisión de salud de área.

**18. ¿Cuál es el órgano de gestión de las Áreas de Salud?**

a) El Consejo de dirección de área.
b) El Gerente de área.
c) El Consejo de salud de área.
d) La Comisión de salud de área.

**19. Señala cuál de los siguientes no es uno de los seis ámbitos de colaboración entre las Administraciones públicas sanitarias definidas por Ley 16/2003:**

a) Calidad del sistema sanitario.
b) Los pacientes.
c) La farmacia.
d) El sistema de información sanitaria.

**20. ¿Cómo se denomina el órgano del Ministerio de Sanidad al que se encomienda el desarrollo de las actividades necesarias para el funcionamiento del sistema de información sanitaria?**

a) Instituto de Información Sanitaria.
b) Consejo Interterritorial del Sistema Nacional de Salud.
c) Observatorio del Sistema Nacional de Salud.
d) Agencia de Información del Sistema Nacional de Salud.

En MADTEST tienes **más preguntas de este tema**, y todos tus avances quedan registrados y se reflejan en el ranking.

**¡Supera tus límites con MADTEST!**

# Solución al test n.º 2

**1.** d) Siete.

**2.** c) Título III.

**3.** c) 40 %.

**4.** a) 25 %.

**5.** b) La coordinación y, en su caso, la integración de todos los recursos sanitarios públicos en tres dispositivos únicos (estatal, autonómico y local).

**6.** a) Tres: central, autonómico y áreas de salud.

**7.** d) Las distancias mínimas de las agrupaciones de población más cercanas de los servicios y el tiempo normal a invertir en su recorrido usando los medios ordinarios.

**8.** d) Ninguna es correcta.

**9.** d) La salud privada

**10.** c) Gratuidad.

**11.** d) La financiación exclusiva de las obligaciones sanitarias por los ciudadanos.

**12.** d) Todas son correctas.

**13.** a) Las Áreas de Salud.

**14.** a) El Consejo de dirección de área.

**15.** d) El principio de integración.

**16.** c) No inferior a 200.000 habitantes ni superior a 250.000.

**17.** c) El Consejo de salud de área.

**18.** b) El Gerente de área.

**19.** b) Los pacientes.

**20.** a) Instituto de Información Sanitaria.

# TEST N.º 3

**Ley 31/1995, de 8 de noviembre, de Prevención de Riesgos Laborales: derechos y obligaciones (Capítulo III). Consulta y participación de los trabajadores (Capítulo V)**

**1. ¿Cuál es la vigente Ley de Prevención de Riesgos Laborales?**

a) Ley 32/1995, de 8 de noviembre.
b) Ley 30/1996, de 8 de noviembre.
c) Ley 31/1995, de 6 de noviembre.
d) Ley 31/1995, de 8 de noviembre.

**2. La Ley de Prevención de Riesgos laborales, tiene por objeto:**

a) Prevenir los accidentes en general.
b) Evitar riesgos en el recorrido al puesto de trabajo.
c) Promover la seguridad y la salud de los trabajadores.
d) Que cada vez haya menos accidentes de tráfico.

**3. ¿Qué se entiende por "riesgo laboral"?**

a) La posibilidad de que un trabajador sufra un determinado daño derivado del trabajo.
b) La posibilidad de que un trabajador sufra una enfermedad en el trabajo.
c) La posibilidad de que un trabajador sufra acoso.
d) El riesgo que supone el ir a trabajar.

**4. Indica cuál es la definición de prevención:**

a) La probabilidad racional de que un riesgo se materialice de forma inminente.
b) El estudio de los procesos potencialmente peligrosos para el trabajo.

c) Conjunto de actividades o medidas adoptadas o previstas en todas las fases de actividad de la empresa con el fin de evitar o disminuir los riesgos derivados del trabajo.

d) Posibilidad de que un trabajador sufra un determinado daño derivado del trabajo.

**5. Según establece el art. 4 de la Ley 31/1995, de 8 de noviembre, de Prevención de Riesgos Laborales, se define como daños derivados del trabajo:**

a) La posibilidad de que un trabajador sufra un determinado daño derivado del trabajo.

b) El que resulte probable racionalmente que se materialice en un futuro inmediato y pueda suponer y pueda suponer un daño grave para la salud de los trabajadores.

c) Las enfermedades, patologías o lesiones sufridas con motivo u ocasión del trabajo.

d) Cualquier máquina, aparato, instrumento o instalación utilizada en el trabajo.

**6. Señale la respuesta incorrecta:**

a) La Ley de Prevención de Riesgos Laborales se aplica a los operativos de Seguridad civil en casos de catástrofe.

b) La Ley de Prevención de Riesgos Laborales se aplica a las sociedades cooperativas.

c) En el ámbito de la relación laboral de carácter especial del servicio del hogar familiar, las personas trabajadoras tienen derecho a una protección eficaz en materia de seguridad y salud en el trabajo.

d) En los establecimientos penitenciarios, se adaptarán a la Ley de Prevención de Riesgos Laborales aquellas actividades cuyas características justifiquen una regulación especial.

**7. Para calificar un riesgo desde el punto de vista de su gravedad, se valorarán conjuntamente la severidad del daño y:**

a) La probabilidad de que se produzca.

b) La cantidad de trabajadores de la empresa.

c) La existencia o no de equipos individuales de protección.

d) Las condiciones de trabajo.

**8. El derecho básico reconocido a los trabajadores por la Ley 31/1995, de 8 de noviembre, es:**

a) La vigilancia de su estado de salud.

b) Una protección eficaz en materia de seguridad y salud en el trabajo.

c) La formación en materia preventiva.

d) La información, consulta y participación.

**9. Entre los principios de la acción preventiva recogidos por el artículo 15 de la Ley de Prevención de Riesgos Laborales, no figura:**

a) Evitar los riesgos.

b) Evaluar los riesgos que se puedan evitar.

c) Tener en cuenta la evolución de la técnica.
d) Dar las debidas instrucciones a los trabajadores.

**10. En el marco de sus responsabilidades, el empresario realizará la prevención de los riesgos laborales mediante la integración en la empresa de:**

a) Los equipos de protección individual.
b) Los Servicios de Prevención propios.
c) La actividad preventiva.
d) La normativa comunitaria.

**11. Los instrumentos esenciales para la gestión y aplicación del Plan de prevención de riesgos laborales son:**

a) La evaluación de riesgos y la planificación de la actividad preventiva.
b) La evaluación inicial de riesgos y la formación.
c) La planificación y la gestión de la actividad preventiva.
d) La identificación y la evaluación de los riesgos.

**12. En relación a la vigilancia de la salud que ha de garantizar el empresario, el acceso a la información médica de carácter personal:**

a) Se limitará al empresario y a los Servicios de Prevención propios.
b) Se limitará al Jefe inmediato del trabajador.
c) Sólo será accesible al propio trabajador.
d) Se limitará al personal médico y a las autoridades sanitarias que lleven a cabo la vigilancia.

**13. Según la Ley de Prevención de Riesgos Laborales, es obligación de los trabajadores en materia de prevención de riesgos:**

a) La protección eficaz en materia de seguridad y salud en el trabajo.
b) Utilizar correctamente los medios y equipos de protección facilitados por el empresario, de acuerdo con las instrucciones recibidas de éste.
c) Soportar el coste de las medidas relativas a la seguridad y la salud en el trabajo.
d) Desarrollar una acción permanente de seguimiento de la actividad preventiva.

**14. Cuando los trabajadores estén expuestos a un riesgo grave e inminente con ocasión de su trabajo, y el empresario no adopte o no permita la adopción de las medidas necesarias para garantizar la seguridad y la salud de los trabajadores, la Ley 31/1995, de 8 de noviembre, de Prevención de Riesgos Laborales prevé que:**

a) Los trabajadores afectados podrán paralizar la actividad.
b) El órgano de representación del personal instará formalmente al empresario a la adopción de las medidas necesarias.

c) Los Delegados de Prevención lo comunicarán a la autoridad laboral, que adoptará las medidas necesarias.

d) El órgano de representación de personal podrá acordar la paralización de la actividad.

**15. El art. 23 de la LPRL establece la documentación que el empresario debe elaborar y conservar a disposición de la autoridad laboral. De las siguientes no está incluido:**

a) El Plan de prevención de riesgos laborales.

b) Evaluación de los riesgos para la seguridad y la salud en el trabajo.

c) La planificación de la actividad laboral.

d) La relación de accidentes de trabajo y enfermedades profesionales que hayan causado al trabajador una incapacidad laboral superior a un día de trabajo.

**16. El posible cambio de puesto de trabajo con riesgo para una trabajadora embarazada:**

a) Deberá realizarse en caso de imposibilidad de adaptación del propio puesto.

b) Se hará previo informe en tal sentido del Servicio de Prevención.

c) Se determinará por el empresario, y dará información a los representantes de los trabajadores.

d) Se extenderá al período de lactancia.

**17. ¿Cuándo se deben utilizar los equipos de protección individual?**

a) Siempre.

b) Cuando los riesgos no hayan sido evaluados.

c) Cuando los riesgos no se puedan evitar o no puedan limitarse.

d) Cuando el trabajador lo estime oportuno.

**18. Las trabajadoras embarazadas ¿tienen derecho a ausentarse del trabajo para la realización de exámenes prenatales y técnicas de preparación al parto?**

a) Sí, con derecho a remuneración, previo aviso al empresario y justificación de la necesidad de su realización dentro de la jornada de trabajo.

b) Sí, con derecho a remuneración, sin necesidad de avisar al empresario ni justificar la necesidad de su realización dentro de la jornada de trabajo.

c) Sí, sin derecho a remuneración, previo aviso al empresario y justificación de la necesidad de su realización dentro de la jornada de trabajo.

d) No, en ningún caso.

**19. En las empresas de hasta 30 trabajadores el Delegado de Prevención será:**

a) El propio empresario.

b) El trabajador más antiguo.

c) El trabajador de mayor cualificación.

d) El delegado de personal.

**20. Según la Ley de Prevención de Riesgos Laborales, se constituirá un Comité de Seguridad y Salud en todas las empresas o centros de trabajo que cuenten con:**

a) 30 o más trabajadores.
b) 50 o más trabajadores.
c) 75 o más trabajadores.
d) 100 o más trabajadores.

En MADTEST tienes **más preguntas de este tema**, y todos tus avances quedan registrados y se reflejan en el ranking.

**¡Supera tus límites con MADTEST!**

# Solución al test n.º 3

**1.** d) Ley 31/1995, de 8 de noviembre.

**2.** c) Promover la seguridad y la salud de los trabajadores.

**3.** a) La posibilidad de que un trabajador sufra un determinado daño derivado del trabajo.

**4.** c) Conjunto de actividades o medidas adoptadas o previstas en todas las fases de actividad de la empresa con el fin de evitar o disminuir los riesgos derivados del trabajo.

**5.** c) Las enfermedades, patologías o lesiones sufridas con motivo u ocasión del trabajo.

**6.** a) La Ley de Prevención de Riesgos Laborales se aplica a los operativos de Seguridad civil en casos de catástrofe.

**7.** a) La probabilidad de que se produzca.

**8.** b) Una protección eficaz en materia de seguridad y salud en el trabajo.

**9.** b) Evaluar los riesgos que se puedan evitar.

**10.** c) La actividad preventiva.

**11.** a) La evaluación de riesgos y la planificación de la actividad preventiva.

**12.** d) Se limitará al personal médico y a las autoridades sanitarias que lleven a cabo la vigilancia.

**13.** b) Utilizar correctamente los medios y equipos de protección facilitados por el empresario, de acuerdo con las instrucciones recibidas de éste.

**14.** d) El órgano de representación de personal podrá acordar la paralización de la actividad.

**15.** c) La planificación de la actividad laboral.

**16.** a) Deberá realizarse en caso de imposibilidad de adaptación del propio puesto.

**17.** c) Cuando los riesgos no se puedan evitar o no puedan limitarse.

**18.** a) Sí, con derecho a remuneración, previo aviso al empresario y justificación de la necesidad de su realización dentro de la jornada de trabajo.

**19.** d) El delegado de personal.

**20.** b) 50 o más trabajadores.

# TEST N.º 4

**Ley Orgánica 3/2018, de 5 de diciembre, de Protección de Datos Personales y garantía de los derechos digitales. Ley 41/2002, de 14 de noviembre, Básica Reguladora de la Autonomía del Paciente y Derechos y Obligaciones en Materia de Información y Documentación Clínica. Derecho a la información sanitaria (Capítulo II), Derecho a la intimidad (Capítulo III), Historia clínica: usos y derecho de acceso(Capítulo V: Artículos 16 y 18)**

**1. La Ley Orgánica 3/2018, de 5 de diciembre, de Protección de Datos Personales y garantía de los derechos digitales, no será de aplicación a los tratamientos sometidos a la normativa sobre protección de materias:**

a) Secretas.
b) Prohibidas.
c) Privadas.
d) Clasificadas.

**2. Los tratamientos a los que no sea directamente aplicable el Reglamento (UE) 2016/679 por afectar a actividades no comprendidas en el ámbito de aplicación del Derecho de la Unión Europea, se regirán por lo dispuesto en:**

a) La Ley Orgánica 3/2018, de 5 de diciembre y supletoriamente por lo establecido en el citado reglamento y su legislación específica si la hubiere.
b) Lo establecido en el citado reglamento y supletoriamente por la Ley Orgánica 3/2018, de 5 de diciembre y su legislación específica si la hubiere.
c) Su legislación específica si la hubiere y supletoriamente por lo establecido en el citado reglamento y en la Ley Orgánica 3/2018, de 5 de diciembre.
d) Lo establecido en el citado reglamento y en la Ley Orgánica 3/2018, de 5 de diciembre y supletoriamente por su legislación específica si la hubiere.

**3. El artículo 10 de la Ley Orgánica 3/2018, de 5 de diciembre, de Protección de Datos Personales y garantía de los derechos digitales, regula el tratamiento de datos de naturaleza penal, disponiendo en su apartado tercero que fuera de los supuestos señalados en los apartados anteriores, los tratamientos de datos referidos a condenas e infracciones penales, así como a procedimientos y medidas cautelares y de seguridad conexas solo serán posibles cuando sean llevados a cabo por:**

a) Jueces y fiscales.
b) Los Juzgados de lo Penal.
c) Abogados y procuradores.
d) Jueces y abogados.

**4. El registro completo de los datos referidos a condenas e infracciones penales podrá realizarse conforme con lo establecido en la regulación de:**

a) El Derecho Comunitario.
b) El Sistema de registros administrativos de apoyo a la Administración de Justicia.
c) Los sistemas de información del responsable.
d) Los derechos relacionados con las decisiones individuales automatizadas.

**5. Señala la afirmación incorrecta:**

a) Cuando se pretenda fundar el tratamiento de los datos en el consentimiento del afectado para una pluralidad de finalidades será preciso que conste de manera específica e inequívoca que dicho consentimiento se otorga para todas ellas.
b) Los responsables y encargados del tratamiento de datos, así como todas las personas que intervengan en cualquier fase de este estarán sujetas al deber de confidencialidad al que se refiere el artículo 5.1.f) del Reglamento (UE) 2016/679.
c) El tratamiento de datos personales relativos a condenas e infracciones penales, así como a procedimientos y medidas cautelares y de seguridad conexas, para fines distintos de los de prevención, investigación, detección o enjuiciamiento de infracciones penales o de ejecución de sanciones penales, solo podrá llevarse a cabo cuando se encuentre amparado en una norma con rango de ley orgánica.
d) El deber de secreto profesional se mantendrán aun cuando hubiese finalizado la relación del obligado con el responsable o encargado del tratamiento.

**6. A los efectos establecidos en el artículo 12.5 del Reglamento (UE) 2016/679 se podrá considerar repetitivo el ejercicio del derecho de acceso en más de una ocasión durante el plazo de:**

a) Un mes, a menos que exista causa legítima para ello.
b) Tres meses, a menos que exista causa legítima para ello.
c) Cuatro meses, a menos que exista causa legítima para ello.
d) Seis meses, a menos que exista causa legítima para ello.

**7. ¿Qué derecho ha venido a sustituir y ampliar el derecho de cancelación de la LO 15/1999, de 5 de diciembre, de protección de datos personales?**

a) El derecho de rectificación.
b) El derecho de supresión.
c) El derecho de anulación.
d) El derecho al borrado de datos.

**8. El responsable del tratamiento facilitará al interesado información relativa a sus actuaciones sobre la base de una solicitud con arreglo a los derechos que desarrollaremos seguidamente, y, en cualquier caso, sin dilación indebida, en el plazo de:**

a) Tres meses a partir de la recepción de la solicitud.
b) Un mes a partir de la recepción de la solicitud.
c) Veinte días a partir de la recepción de la solicitud.
d) Diez días a partir de la recepción de la solicitud.

**9. Respecto a las condiciones aplicables al consentimiento del niño en relación con los servicios de la sociedad de la información, los Estados miembros podrán establecer por ley una edad inferior a tales fines, siempre que esta no sea inferior a:**

a) 13 años.
b) 12 años.
c) 11 años.
d) 10 años.

**10. Los datos personales serán exactos y, si fuera necesario, actualizados y se adoptarán todas las medidas razonables para que se supriman o rectifiquen sin dilación los datos personales que sean inexactos con respecto a los fines para los que se tratan. Este principio es denominado por el Reglamento (UE) 2016/679, como principio de:**

a) Limitación de la finalidad.
b) Integridad y confidencialidad.
c) Exactitud.
d) Minimización de datos.

**11. La Ley 41/2002, de 14 de noviembre, básica reguladora de la autonomía del paciente y de derechos y obligaciones en materia de información y documentación clínica, se estructura en:**

a) 23 artículos ordenados en 6 Capítulos, 5 Disposiciones Adicionales, 1 Disposición Transitoria, una Disposición Derogatoria y una Disposición Final.
b) 24 artículos ordenados en 5 Capítulos, 6 Disposiciones Adicionales, 1 Disposición Transitoria, una Disposición Derogatoria y una Disposición Final.
c) 23 artículos ordenados en 6 Capítulos, 6 Disposiciones Adicionales, 1 Disposición Transitoria, una Disposición Derogatoria y una Disposición Final.
d) 24 artículos ordenados en 5 Capítulos, 5 Disposiciones Adicionales, 1 Disposición Transitoria, una Disposición Derogatoria y una Disposición Final.

**12. Según dispone el art. 6 de la Ley 41/2002, el derecho a conocer los problemas sanitarios de la colectividad cuando impliquen un riesgo para la salud pública o para su salud individual, es un derecho en materia de:**

a) Información sanitaria epidemiológica.
b) Información de los servicios del Sistema Nacional de Salud.
c) Información sanitaria asistencial.
d) Información al alta.

**13. ¿Cómo define la Ley 41/2002, de 14 de noviembre a la conformidad libre, voluntaria y consciente de un paciente, manifestada en el pleno uso de sus facultades después de recibir la información adecuada, para que tenga lugar una actuación que afecta a su salud?**

a) Conformidad objetiva.
b) Consentimiento informado.
c) Consentimiento expreso.
d) Consentimiento tácito.

**14. Tal y como establece la Ley 41/2002, de Autonomía del Paciente, en caso de que el paciente no acepte el tratamiento se le propondrá que firme el alta voluntaria y si no la firma la Dirección del Centro:**

a) Puede disponer el alta forzosa.
b) Firmará en su nombre el alta involuntaria.
c) Mantendrá el ingreso por periodo mínimo de cinco días naturales.
d) No está reconocida la negativa al tratamiento de los pacientes.

**15. La Ley de Autonomía del Paciente reconoce el derecho a que se respeten los deseos expresados anteriormente en el:**

a) Testamento vital.
b) Documento de voluntades anticipadas.
c) Documento de instrucciones previas.
d) Documento de instrucciones preliminares.

**16. Indica la proposición incorrecta en relación con los requisitos del consentimiento:**

a) Debe ser libre.
b) Debe ser voluntario.
c) La decisión de consentir debe anteceder a una información adecuada.
d) La persona que lo presta debe tener capacidad para conocer, comprender y querer el alcance de su decisión.

**17. Uno de los fundamentos éticos del consentimiento informado es el principio de autonomía. En aplicación del mismo el profesional sanitario tiene el deber de:**

a) Evitar el mal del paciente.
b) Hacer el bien al paciente.
c) Respetar la libre determinación del paciente.
d) Actuar sin discriminación.

**18. Según establece la Ley de Autonomía del Paciente, el consentimiento se prestará por escrito en el caso de:**

a) Realización de una actuación sanitaria en el paciente.
b) Aplicación en el paciente de un procedimiento no invasor.
c) Intervención quirúrgica.
d) Aplicación de procedimientos de imprevisible repercusión negativa sobre la salud del paciente.

**19. Según determina la Ley 41/2002, el paciente tiene derecho a recibir un informe de alta:**

a) Solo si ha existido ingreso hospitalario.
b) A la finalización del proceso asistencial.
c) En cuyo contenido mínimo habrán de figurar, entre otros, datos de información sanitaria epidemiológica.
d) Previa solicitud.

**20. Conforme a los criterios de la Ley 41/2002, el reconocimiento legal de que el ciudadano debe recibir información suficiente y adecuada sobre los problemas sanitarios de la comunidad que impliquen un riesgo para su salud es una manifestación de su derecho:**

a) A la información sanitaria epidemiológica.
b) A la información sanitaria asistencial.
c) A la intimidad.
d) A la autonomía.

En MADTEST tienes **más preguntas de este tema**, y todos tus avances quedan registrados y se reflejan en el ranking.

**¡Supera tus límites con MADTEST!**

# Solución al test n.º 4

**1.** d) Clasificadas.

**2.** c) Su legislación específica si la hubiere y supletoriamente por lo establecido en el citado reglamento y en la Ley Orgánica 3/2018, de 5 de diciembre.

**3.** c) Abogados y procuradores.

**4.** b) El Sistema de registros administrativos de apoyo a la Administración de Justicia.

**5.** c) El tratamiento de datos personales relativos a condenas e infracciones penales, así como a procedimientos y medidas cautelares y de seguridad conexas, para fines distintos de los de prevención, investigación, detección o enjuiciamiento de infracciones penales o de ejecución de sanciones penales, solo podrá llevarse a cabo cuando se encuentre amparado en una norma con rango de ley orgánica.

**6.** d) Seis meses, a menos que exista causa legítima para ello.

**7.** b) El derecho de supresión.

**8.** b) Un mes a partir de la recepción de la solicitud.

**9.** a) 13 años.

**10.** c) Exactitud.

**11.** c) 23 artículos ordenados en 6 Capítulos, 6 Disposiciones Adicionales, 1 Disposición Transitoria, una Disposición Derogatoria y una Disposición Final.

**12.** a) Información sanitaria epidemiológica.

**13.** b) Consentimiento informado.

**14.** a) Puede disponer el alta forzosa.

**15.** c) Documento de instrucciones previas.

**16.** c) La decisión de consentir debe anteceder a una información adecuada.

**17.** c) Respetar la libre determinación del paciente.

**18.** c) Intervención quirúrgica.

**19.** b) A la finalización del proceso asistencial.

**20.** a) A la información sanitaria epidemiológica.

# TEST N.º 5

**Ley 16/2003 de 28 de mayo, de Cohesión y Calidad del Sistema Nacional de Salud: De las prestaciones (Capítulo I). De los profesionales (Capítulo III). Cartera de servicios comunes del Sistema Nacional de Salud (artículo 2 del Real Decreto 1030/2006, de 15 de septiembre, por el que se establece la cartera de servicios comunes del Sistema Nacional de Salud y el procedimiento para su actualización)**

**1. Se consideran prestaciones de atención sanitaria del Sistema Nacional de Salud:**

a) Los servicios o conjunto de servicios diagnósticos dirigidos a los ciudadanos.
b) Los servicios o conjunto de servicios rehabilitadores y de promoción y mantenimiento de la salud dirigidos a los ciudadanos.
c) Los servicios o conjunto de servicios preventivos dirigidos a los ciudadanos.
d) Todas las respuestas son correctas.

**2. Con qué frecuencia realiza el Ministerio de Salud una evaluación de los costes de aplicación de la cartera común de servicios del Sistema Nacional de Salud:**

a) Semestralmente.
b) Anualmente.
c) Cada dos años.
d) Cada cuatro años.

**3. Quién aprueba la inclusión de servicios accesorios, los importes máximos de financiación y los coeficientes de corrección a aplicar para determinar la facturación definitiva a los servicios autonómicos de salud por parte de los proveedores, así como las modalidades de aportación o reembolso aplicables en cada caso:**

a) La persona titular del Ministerio de Sanidad.
b) El Consejo Interterritorial del Sistema Nacional de Salud.
c) La Comisión de prestaciones, aseguramiento y financiación.
d) Las Comunidades Autónomas.

**4. La atención primaria comprende:**

a) La hospitalización en régimen de internamiento.
b) La asistencia especializada en consultas.
c) Las actividades de información y vigilancia en la protección de la salud.
d) Todas las respuestas son correctas.

**5. El contenido de la cartera común de servicios del Sistema Nacional de Salud se determinará por acuerdo del Consejo Interterritorial del Sistema Nacional de Salud, a propuesta de:**

a) Las Comunidades Autónomas.
b) La Comisión de financiación.
c) La persona titular del Ministerio de Sanidad.
d) La Comisión de prestaciones, aseguramiento y financiación.

**6. Señala la respuesta incorrecta:**

a) El Ministerio de Sanidad, por propia iniciativa o a propuesta de las correspondientes Administraciones públicas sanitarias y previo acuerdo del Consejo Interterritorial del Sistema Nacional de Salud, podrá autorizar el uso tutelado de determinadas técnicas, tecnologías o procedimientos.
b) La cartera común de servicios del Sistema Nacional de Salud se actualizará mediante orden de la persona titular del Ministerio de Sanidad, previo acuerdo del Consejo Interterritorial del Sistema Nacional de Salud.
c) Se garantizará a todos los usuarios el acceso a aquellos servicios que sean considerados como servicios de referencia de acuerdo con el artículo 28 de la Ley 16/2003, de 28 de mayo.
d) En el seno de la Comisión de prestaciones, aseguramiento y financiación se acordarán los criterios marco para garantizar un tiempo máximo de acceso a las prestaciones del Sistema Nacional de Salud, que se aprobarán mediante real decreto.

**7. Todos los usuarios del Sistema Nacional de Salud tendrán acceso a las prestaciones sanitarias reconocidas en la ley 16/2003 de 28 de mayo, de Cohesión y Calidad del Sistema Nacional de Salud en condiciones de:**

a) Igualdad real.
b) Igualdad plena.
c) Igualdad efectiva.
d) Igualdad absoluta.

**8. Señala una de las prestaciones incluidas en la cartera común suplementaria del Sistema Nacional de Salud:**

a) La prestación ortoprotésica.
b) La prestación con productos dietéticos.

c) La prestación farmacéutica.
d) Todas las respuestas son correctas.

**9. Señala la respuesta incorrecta respecto a las prestaciones sanitarias del Sistema Nacional de Salud:**

a) Las comunidades autónomas asumirán, con cargo a sus propios presupuestos, todos los costes de aplicación de la cartera de servicios complementaria a las personas que tengan la condición de asegurado o de beneficiario del mismo.
b) Únicamente se facilitarán por el personal legalmente habilitado, en centros y servicios, propios o concertados, del Sistema Nacional de Salud.
c) El Consejo Interterritorial del Sistema Nacional de Salud podrá emitir recomendaciones sobre el establecimiento por parte de las comunidades autónomas de prestaciones sanitarias complementarias a las prestaciones comunes del Sistema Nacional de Salud.
d) Las comunidades autónomas podrán incorporar en sus carteras de servicios una técnica, tecnología o procedimiento no contemplado en la cartera común de servicios del Sistema Nacional de Salud, estableciendo para ello los recursos adicionales necesarios.

**10. La atención sanitaria especializada comprende:**

a) La indicación o prescripción, y la realización, en su caso, de procedimientos diagnósticos y terapéuticos.
b) La atención a la salud bucodental.
c) La rehabilitación básica.
d) Todas las respuestas son correctas.

**11. En el ámbito sanitario, la atención sociosanitaria se llevará a cabo en los niveles de atención que cada comunidad autónoma determine y en cualquier caso comprenderá:**

a) La atención sanitaria a la convalecencia.
b) La rehabilitación en pacientes con déficit funcional recuperable.
c) Los cuidados sanitarios de larga duración.
d) Todas las respuestas son correctas.

**12. La prestación de atención de urgencia se dispensará tanto en centros sanitarios como fuera de ellos, incluyendo el domicilio del paciente, mediante la atención médica y de enfermería, durante:**

a) La jornada de mañana de lunes a viernes.
b) La jornada de tarde de lunes a viernes.
c) La jornada de mañana y tarde de lunes a viernes.
d) Las 24 horas del día.

**13. Qué tipo de prestación consiste en la utilización de productos sanitarios, implantables o no, cuya finalidad es sustituir total o parcialmente una estructura corporal, o bien de modificar, corregir o facilitar su función:**

a) La prestación farmacéutica.
b) La prestación de atención para la movilidad funcional.
c) La prestación ortoprotésica.
d) La prestación de atención de urgencia.

**14. Qué prestación comprende la dispensación de los tratamientos dietoterápicos a las personas que padezcan determinados trastornos metabólicos congénitos, la nutrición enteral domiciliaria para pacientes a los que no es posible cubrir sus necesidades nutricionales, a causa de su situación clínica, con alimentos de uso ordinario:**

a) La prestación de productos alimenticios.
b) La prestación de productos dietéticos.
c) La prestación de productos nutricionales.
d) La prestación de productos básicos.

**15. Qué tipo de prestación consiste en el desplazamiento de enfermos por causas exclusivamente clínicas, cuya situación les impida desplazarse en los medios ordinarios de transporte:**

a) La prestación para la movilidad.
b) La prestación de ambulancia.
c) La prestación de transporte público.
d) La prestación de transporte sanitario.

**16. Cuándo se llevará a cabo la exclusión de una técnica, tecnología o procedimiento actualmente incluido en la cartera de servicios:**

a) Cuando deje de cumplir los requisitos establecidos por la legislación vigente.
b) Cuando se evidencie su falta de eficacia, efectividad o eficiencia, o que el balance entre beneficio y riesgo sea significativamente desfavorable.
c) Cuando haya perdido su interés sanitario como consecuencia del desarrollo tecnológico y científico.
d) Todas las respuestas son correctas.

**17. Quién acuerda la designación de servicios de referencia, el número necesario de éstos y su ubicación estratégica dentro del Sistema Nacional de Salud:**

a) El Ministerio de Sanidad.
b) El Consejo Interterritorial del Sistema Nacional de Salud.
c) La Comisión de prestaciones, aseguramiento y financiación.
d) Las Comunidades Autónomas.

**18. Quién desarrolla, sin perjuicio de las competencias de las comunidades autónomas, las actividades de planificación, diseño de programas de formación y modernización de los recursos humanos del Sistema Nacional de Salud y define los criterios básicos de evaluación de las competencias de los profesionales sanitarios:**

a) La persona titular del Ministerio de Sanidad.
b) El Consejo Interterritorial del Sistema Nacional de Salud.
c) La Comisión de Recursos Humanos del Sistema Nacional de Salud.
d) La Comisión de prestaciones, aseguramiento y financiación.

**19. Quién preside la Comisión de Recursos Humanos del Sistema Nacional de Salud:**

a) La persona titular del Ministro de Sanidad.
b) La persona titular de la Secretaría de Estado de Seguridad.
c) La persona titular de la Dirección General de Salud Pública.
d) La persona titular de la Secretaría General de Salud Digital, Información e Innovación del SNS.

**20. Quién supervisa los programas de formación de postgrado especializada, propuestos por las comisiones nacionales correspondientes, así como el número de profesionales necesarios en cada convocatoria:**

a) La Dirección General de Ordenación Profesional.
b) El Instituto Nacional de Gestión Sanitaria.
c) La Comisión de Recursos Humanos.
d) La Agencia de Calidad.

En MADTEST tienes **más preguntas de este tema**, y todos tus avances quedan registrados y se reflejan en el ranking.

**¡Supera tus límites con MADTEST!**

# Solución al test n.º 5

**1.** d) Todas las respuestas son correctas.

**2.** b) Anualmente.

**3.** a) La persona titular del Ministerio de Sanidad.

**4.** c) Las actividades de información y vigilancia en la protección de la salud.

**5.** d) La Comisión de prestaciones, aseguramiento y financiación.

**6.** d) En el seno de la Comisión de prestaciones, aseguramiento y financiación se acordarán los criterios marco para garantizar un tiempo máximo de acceso a las prestaciones del Sistema Nacional de Salud, que se aprobarán mediante real decreto.

**7.** c) Igualdad efectiva.

**8.** d) Todas las respuestas son correctas.

**9.** b) Únicamente se facilitarán por el personal legalmente habilitado, en centros y servicios, propios o concertados, del Sistema Nacional de Salud.

**10.** a) La indicación o prescripción, y la realización, en su caso, de procedimientos diagnósticos y terapéuticos.

**11.** d) Todas las respuestas son correctas.

**12.** d) Las 24 horas del día.

**13.** c) La prestación ortoprotésica.

**14.** b) La prestación de productos dietéticos.

**15.** d) La prestación de transporte sanitario.

**16.** d) Todas las respuestas son correctas.

**17.** b) El Consejo Interterritorial del Sistema Nacional de Salud.

**18.** c) La Comisión de Recursos Humanos del Sistema Nacional de Salud.

**19.** a) La persona titular del Ministro de Sanidad.

**20.** c) La Comisión de Recursos Humanos.

# TEST N.º 6

**Ley 55/2003, de 16 de diciembre, del Estatuto Marco del Personal Estatutario de los Servicios de Salud: objeto y ámbito de aplicación; clasificación de personal estatutario; derechos y deberes; situaciones; incompatibilidades; régimen disciplinario. Decreto 72/2013, de 11 de septiembre, por el que se aprueba el Reglamento de jornada, horario, vacaciones y permisos de los funcionarios de la Administración del Principado de Asturias, sus organismos y entes públicos (Capítulos I a VI)**

**1. El Estatuto Marco clasifica al personal estatutario de los servicios de salud, atendiendo a la función desarrollada, al nivel del título exigido para el ingreso y al tipo de su nombramiento en:**

a) Personal estatutario sanitario y personal estatutario de gestión y servicios.
b) Personal estatutario facultativo, personal estatutario sanitario y personal no sanitario.
c) Personal estatutario de gestión y servicios y personal estatutario facultativo.
d) Todas las respuestas son correctas.

**2. El personal estatutario con nombramiento expedido para el ejercicio de una profesión o especialidad sanitaria se denomina:**

a) Personal sanitario.
b) Otro personal.
c) Personal de mantenimiento.
d) Personal de gestión y servicios.

**3. El personal estatutario con nombramiento expedido para el desempeño de funciones de gestión o para el desempeño de profesiones u oficios que no tengan carácter sanitario se denomina:**

a) Personal universitario.
b) Personal de gestión y servicios.
c) Personal directivo.
d) Personal administrativo.

**4. Según establece el art. 8 de la Ley 55/2003, de 16 de diciembre, del Estatuto Marco de los Servicios de Salud, es personal estatutario fijo:**

a) El que, una vez superado el correspondiente proceso selectivo, obtiene un nombramiento para el desempeño, con carácter permanente, de las funciones que de tal nombramiento se deriven.

b) Todo el personal al servicio de los Servicios de Salud.

c) El personal que realice una prestación de servicios determinados de naturaleza temporal, coyuntural o extraordinaria.

d) El personal en posesión de un contrato laboral indefinido.

**5. Conforme al artículo 9.1 del Estatuto Marco (*en redacción dada por el Real Decreto-ley 12/2022, de 5 de julio, por el que se modifica la Ley 55/2003, de 16 de diciembre, del Estatuto Marco del personal estatutario de los servicios de salud*) los nombramientos del Personal Estatutario Temporal de los Servicios de Salud serán:**

a) Únicamente de Personal Estatutario Sanitario.

b) Personal Estatutario Contratado.

c) De interinidad.

d) Como Personal Laboral.

**6. Conforme al artículo 6.2 de la Ley 55/2003, de 16 de diciembre, del Estatuto Marco del personal estatutario de los servicios de salud, atendiendo al nivel académico del título exigido para el ingreso, el personal estatutario sanitario de formación profesional se divide en:**

a) Técnicos sanitarios y Auxiliares de Enfermería.

b) Técnicos superiores y Técnicos.

c) Técnicos superiores y Técnicos de gestión.

d) Técnicos especialistas y Técnicos.

**7. La categoría profesional de Celador está comprendida dentro del grupo de:**

a) Personal de gestión y servicios.

b) Personal no estatutario.

c) Personal estatutario sanitario.

d) Personal estatutario de formación profesional.

**8. Es personal Estatutario Sanitario:**

a) El que ejerce una profesión o especialidad sanitaria.

b) El que ostenta esta condición en virtud de nombramiento expedido para el ejercicio de una profesión o especialización sanitaria.

c) El que desempeña una categoría clasificada como sanitaria.

d) Quien ejerza una profesión sanitaria sin ostentar la condición de funcionario.

**9. El personal Estatutario de Gestión y Servicio se clasifica en función del título exigido para el ingreso en:**

a) Personal de formación universitaria, personal de formación profesional y otro personal.
b) Personal universitario, personal de formación profesional y personal subalterno.
c) Personal licenciado universitario, personal de administración y personal auxiliar.
d) Ninguna es correcta.

**10. En el supuesto de existencia de plaza vacante, son estatutarios interinos los que, por razones expresamente justificadas de necesidad y urgencia, son nombrados como tales con carácter temporal para el desempeño de funciones propias de estatutarios, cuando no sea posible su cobertura por personal estatutario fijo, durante un plazo máximo de:**

a) Dos años.
b) Tres años.
c) Cuatros años.
d) Seis años.

**11. El incumplimiento del plazo máximo de permanencia dará lugar a una compensación económica para el personal estatutario temporal afectado, que será equivalente a:**

a) Veinte días de sus retribuciones fijas por año de servicio.
b) Veinte días de su sueldo, más trienios y complemento de destino por año de servicio.
c) Veinte días de todas sus retribuciones por año de servicio.
d) Veinte días de su sueldo por año de servicio.

**12. El objetivo de constituir un ámbito de diálogo e información de carácter laboral, así como de promover el desarrollo armónico de los recursos humanos del Sistema Nacional de Salud, se articula a través de:**

a) El Consejo Interterritorial del Sistema Nacional de Salud.
b) La Comisión de Recursos Humanos del Sistema Nacional de Salud.
c) La Consejería de Salud de la correspondiente Comunidad Autónoma.
d) El Foro Marco para el Diálogo Social.

**13. No constituye un derecho individual del personal estatutario:**

a) La estabilidad en el empleo.
b) La movilidad voluntaria.
c) El descanso necesario.
d) La negociación colectiva.

**14. El régimen de derechos del personal estatutario será aplicable al personal temporal:**

a) En la medida en que la naturaleza del derecho lo permita.
b) En todo caso.

c) En ningún caso.
d) Solo cuando así se establezca en su nombramiento.

**15. En relación con los derechos y deberes regulados en el Estatuto Marco, no se considera un derecho colectivo:**

a) La huelga.
b) La actividad sindical.
c) La reunión.
d) La estabilidad en el empleo.

**16. Para poder obtener la excedencia voluntaria por interés particular es necesario haber prestado servicios efectivos en cualquiera de las Administraciones Públicas durante:**

a) Los cinco años inmediatamente anteriores.
b) Los cuatro años inmediatamente anteriores.
c) El año inmediatamente anterior.
d) No se exige periodo mínimo de prestación efectiva de servicios.

**17. ¿Qué tiempo máximo puede estar un trabajador en una situación de suspensión de funciones por sanción disciplinaria?**

a) 6 años.
b) 1 mes.
c) 1 año.
d) 5 años.

**18. En el Estatuto Marco se establece que el personal estatutario en comisión de servicios percibirá las retribuciones:**

a) Correspondientes a las funciones especiales que realice en el puesto de destino.
b) De su plaza o puesto de origen.
c) Proporcional a cada Centro.
d) Correspondientes a la plaza o puesto efectivamente desempeñado, salvo que sean inferiores a las que correspondan por la plaza de origen, en cuyo caso se percibirán estas.

**19. Según el Estatuto Marco entre las situaciones administrativas del personal estatutario puede estar:**

a) Servicio preferente en otra Comunidad Autónoma.
b) En régimen de cesión en la Administración General de Estado.
c) Destacado en los Servicios provinciales de las Delegaciones de Hacienda.
d) Suspensión de funciones.

**20. Según establece la Ley 55/2003, de 16 de diciembre, del Estatuto Marco del personal estatutario de los servicios de salud es falta muy grave:**

a) La falta de obediencia debida a los superiores.

b) El descuido en el cumplimiento de las disposiciones expresas sobre seguridad y salud.

c) La aceptación de cualquier tipo de contraprestación por los servicios prestados a los usuarios de los servicios de salud.

d) La falta de asistencia durante más de cinco días continuados sin autorización ni causa justificada.

En MADTEST tienes **más preguntas de este tema**, y todos tus avances quedan registrados y se reflejan en el ranking.

**¡Supera tus límites con MADTEST!**

# Solución al test n.º 6

**1.** a) Personal estatutario sanitario y personal estatutario de gestión y servicios.

**2.** a) Personal sanitario.

**3.** b) Personal de gestión y servicios.

**4.** a) El que, una vez superado el correspondiente proceso selectivo, obtiene un nombramiento para el desempeño, con carácter permanente, de las funciones que de tal nombramiento se deriven.

**5.** c) De interinidad.

**6.** b) Técnicos superiores y Técnicos.

**7.** a) Personal de gestión y servicios.

**8.** b) El que ostenta esta condición en virtud de nombramiento expedido para el ejercicio de una profesión o especialización sanitaria.

**9.** a) Personal de formación universitaria, personal de formación personal y otro personal.

**10.** b) Tres años.

**11.** a) Veinte días de sus retribuciones fijas por año de servicio.

**12.** d) El Foro Marco para el Diálogo Social.

**13.** d) La negociación colectiva.

**14.** a) En la medida en que la naturaleza del derecho lo permita.

**15.** d) La estabilidad en el empleo.

**16.** a) Los cinco años inmediatamente anteriores.

**17.** a) 6 años.

**18.** d) Correspondientes a la plaza o puesto efectivamente desempeñado, salvo que sean inferiores a las que correspondan por la plaza de origen, en cuyo caso se percibirán estas.

**19.** d) Suspensión de funciones.

**20.** d) La falta de asistencia durante más de cinco días continuados sin autorización ni causa justificada.

# TEST N.º 7

**Ley 7/2019, de 29 de marzo, de Salud. Estructura Orgánica y Funcionamiento (Sección Primera, Capítulo Dos del Título IX). Organización Territorial del Servicio de Salud del Principado de Asturias (Capítulo III del Decreto 123/2025, de 11 de diciembre, por el que se establece la estructura orgánica básica de los órganos de dirección y gestión del Servicio de Salud del Principado de Asturias)**

**1. El Sespa es:**

a) Un organismo autónomo.
b) Un Ente de Derecho Público.
c) Una Fundación.
d) Un Ente de Derecho Público dotado de personalidad jurídica plena.

**2. El principal instrumento de planificación territorial sanitaria de la Comunidad Autónoma asturiana para la correcta asignación de los recursos, incluyendo la sectorización de los servicios, es:**

a) Los distritos de Salud.
b) Las Áreas sanitarias.
c) El Mapa sanitario.
d) Zonas Especiales de salud.

**3. El Sistema Sanitario del Principado de Asturias se ordena en demarcaciones territoriales denominadas:**

a) Zonas Básicas de Salud.
b) Las Áreas sanitarias.
c) Áreas de Salud.
d) Los distritos de Salud.

**4. ¿Cuándo pueden constituirse Zonas Especiales de Salud en Asturias?**

a) Cuando no existan Áreas de Salud.

b) Cuando concurran singulares condiciones socioeconómicas, demográficas y de comunicaciones.

c) Cuando además del equipo de atención primaria coexistan en la zona equipos de atención especializada.

d) Cuando no se aconseje constituir Distritos de Salud.

**5. ¿Quién asume la presidencia del Consejo de Administración del Servicio de Salud del Principado de Asturias?**

a) El Director Gerente.

b) El Secretario General.

c) El Consejero competente en materia de sanidad.

d) Ninguna es correcta.

**6. ¿Cuántos Vocales designados por las Consejerías competentes en materia de función pública y en materia económica y presupuestaria componen el Consejo de Administración del Sespa?**

a) Cuatro.

b) Tres.

c) Dos.

d) Uno.

**7. La Memoria Anual del Sespa la aprueba:**

a) El Consejero competente en materia de Sanidad.

b) La Dirección Gerencia.

c) El Consejo de Dirección.

d) El Consejo de Administración.

**8. ¿Quién ostenta la representación legal del Sespa en todo tipo de actuaciones judiciales y extrajudiciales?**

a) El Consejo de Administración.

b) La Dirección Gerencia.

c) El Consejo de Dirección.

d) El Consejo de Salud de Zona.

**9. El órgano de participación comunitaria en el Área de Salud se denomina:**

a) Consejo de Salud de Zona.

b) Gerencia del Área de Salud.

c) Consejo de Dirección.
d) Consejo de Salud de Área.

**10. ¿Qué órgano es el encargado de nombrar al personal estatutario y contratar al personal laboral del Sespa?**

a) El Consejo de Dirección.
b) El Director Gerente.
c) El Consejo de Administración.
d) El consejero competente en materia de Sanidad.

**11. Según su organización territorial, ¿cuáles son las tres Áreas de Salud del Sespa?**

a) Área I (Norte), Área II (Centro) y Área III (Sur).
b) Área I (Oriente), Área II (Occidente) y Área III (Centro).
c) Área I (Occidente), Área II (Centro-suroccidente) y Área III (Oriente).
d) Área I (Costa), Área II (Cuencas) y Área III (Montaña).

**12. ¿A quién le corresponde la dirección, organización, gestión y control de todas las unidades y servicios adscritos a un Área de Salud?**

a) Al Consejo de Gobierno del Principado de Asturias.
b) A la Gerencia de Área.
c) A la Dirección de Profesionales del Sespa.
d) Al Ministerio de Sanidad.

**13. ¿Cuál es la relación jerárquica de la Gerencia de Área respecto a la Dirección Gerencia del Sespa?**

a) Actúa de forma totalmente autónoma e independiente.
b) Depende directamente de la Consejería de Salud.
c) Actúa bajo la dependencia directa de la Dirección Gerencia del Sespa.
d) Depende funcionalmente de la Dirección de Área del Ministerio de Sanidad.

**14. ¿De qué órgano dependen directamente las Direcciones de Atención Primaria, Atención Hospitalaria y las de Atención Sanitaria y Coordinación Territorial?**

a) De la Gerencia de Área.
b) De la Dirección Gerencia del Sespa.
c) De la Dirección de Atención Sanitaria y Evaluación de Área.
d) De la Comisión de Dirección del Área de Salud.

**15. ¿Cuál de los siguientes órganos directivos tiene una dependencia directa de la Gerencia de Área?**

a) La Dirección de Atención Primaria de Área.
b) La Dirección Económica y de Profesionales de Área.
c) La Dirección de Atención Hospitalaria de Área.
d) Las Subdirecciones previstas en la plantilla orgánica.

**16. ¿Qué personas titulares de Direcciones forman parte de la Comisión de Dirección del Área de Salud?**

a) Únicamente los titulares de la Gerencia y la Dirección de Salud Pública.
b) Exclusivamente las Direcciones que dependen directamente de la Gerencia de Área.
c) Las titulares de la Gerencia, las cuatro Direcciones de Área y las Direcciones dependientes de la Dirección de Atención Sanitaria.
d) Solo las personas titulares de la Gerencia de Área y de la Dirección Económica.

**17. Sobre la asistencia a las reuniones de la Comisión de Dirección, ¿cuál de las siguientes afirmaciones es correcta?**

a) Los responsables de servicios y programas asisten siempre con voz y voto.
b) Los titulares de Subdirecciones podrán asistir con voz, pero sin voto, a requerimiento de la Gerencia.
c) La asistencia de responsables de programas es obligatoria en todas las sesiones ordinarias.
d) Solo pueden asistir los miembros con derecho a voto, sin excepciones.

**18. ¿En qué circunstancia puede reunirse la Comisión de Dirección del Área de Salud en sesión extraordinaria?**

a) Siempre que lo solicite la Dirección de Salud Pública.
b) Obligatoriamente una vez cada tres meses.
c) Solo cuando haya una vacante en la Gerencia de Área.
d) Cuantas veces considere oportuno la Presidencia de la Comisión.

**19. ¿Qué órgano tiene la función específica de coordinar los diferentes recursos asistenciales para asegurar la continuidad de la atención?**

a) La Gerencia de Área.
b) La Dirección de Cuidados y Coordinación Sociosanitaria.
c) La Dirección de Atención Sanitaria y Evaluación de Área.
d) La Dirección de Salud Pública de Área.

**20. En relación con la calidad y seguridad, ¿cuál es una función propia de la Dirección de Atención Sanitaria y Evaluación de Área?**

a) Elaborar el presupuesto anual de seguridad del área.
b) Promover y evaluar la calidad asistencial y la seguridad del paciente.
c) Contratar exclusivamente al personal de las unidades de calidad.
d) Supervisar únicamente la seguridad física de los edificios hospitalarios.

En MADTEST tienes **más preguntas de este tema,** y todos tus avances quedan registrados y se reflejan en el ranking.

**¡Supera tus límites con MADTEST!**

# Solución al test n.º 7

**1.** b) Un Ente de Derecho Público.

**2.** c) El Mapa sanitario.

**3.** c) Áreas de Salud.

**4.** b) Cuando concurran singulares condiciones socioeconómicas, demográficas y de comunicaciones.

**5.** c) El Consejero competente en materia de sanidad.

**6.** c) Dos.

**7.** d) El Consejo de Administración.

**8.** b) La Dirección Gerencia.

**9.** d) Consejo de Salud de Área.

**10.** b) El Director Gerente.

**11.** c) Área I (Occidente), Área II (Centro-suroccidente) y Área III (Oriente).

**12.** b) A la Gerencia de Área.

**13.** c) Actúa bajo la dependencia directa de la Dirección Gerencia del Sespa.

**14.** c) De la Dirección de Atención Sanitaria y Evaluación de Área.

**15.** b) La Dirección Económica y de Profesionales de Área.

**16.** c) Las titulares de la Gerencia, las cuatro Direcciones de Área y las Direcciones dependientes de la Dirección de Atención Sanitaria.

**17.** b) Los titulares de Subdirecciones podrán asistir con voz, pero sin voto, a requerimiento de la Gerencia.

**18.** d) Cuantas veces considere oportuno la Presidencia de la Comisión.

**19.** c) La Dirección de Atención Sanitaria y Evaluación de Área.

**20.** b) Promover y evaluar la calidad asistencial y la seguridad del paciente.

# TEST N.º 8

**Ley Orgánica 7/1981, de 30 de diciembre, del Estatuto de Autonomía del Principado de Asturias: Título Preliminar; de los órganos institucionales del Principado de Asturias (Título II)**

**1. La Comunidad Autónoma del Principado de Asturias se constituyó a través de la vía:**

a) Del artículo 151 CE.
b) Del artículo 155 CE.
c) De la Ley Orgánica 1/99.
d) Del artículo 143 CE.

**2. Indica la respuesta correcta respecto a las siguientes afirmaciones que se regulan en el Estatuto de Autonomía del Principado de Asturias:**

a) El término del Concejo coincide con la tradicional Parroquia rural.
b) Todas las instituciones oficiales del Principado de Asturias se encuentran en Oviedo.
c) El himno de la Comunidad Autónoma del Principado de Asturias es la canción "Asturias, Patria querida".
d) El Bable es el idioma oficial del Principado de Asturias.

**3. El municipio asturiano coincide con la denominación tradicional de:**

a) Parroquia.
b) Área metropolitana.
c) Comarca.
d) Concejo.

**4. Según el Estatuto de Autonomía de Asturias, gozan de la condición política de asturianos:**

a) Cualquiera que tenga vecindad en alguno de los Concejos de Asturias.
b) Los nacidos en Asturias, cualquiera que sea el lugar donde residan.
c) Los ciudadanos españoles que tengan vecindad administrativa en el territorio de la Comunidad.
d) Quienes hayan nacido en Asturias y acrediten esta condición en cualquier Administración Pública de España.

**5. Conforme al Estatuto de Autonomía del Principado de Asturias, las disposiciones del Consejo de Gobierno que contienen legislación delegada reciben el título de:**

a) Decretos legislativos.
b) Decretos Leyes.
c) Leyes orgánicas.
d) Reglamentos.

**6. La Junta General del Principado de Asturias podrá delegar en el Consejo de Gobierno la potestad de:**

a) Aprobar las leyes presupuestarias.
b) Dictar leyes y Acuerdos, siempre que estos requieran para su aprobación de mayoría cualificada.
c) Dictar Acuerdos pero no leyes.
d) Dictar normas con rango de ley.

**7. La delegación legislativa que realice la Junta General del Principado de Asturias será siempre en favor de:**

a) Su Consejo de Gobierno.
b) Su Presidente.
c) Cualquier autoridad de la Comunidad Autónoma.
d) Cualquiera de los miembros que la componen.

**8. Según el Estatuto de Autonomía de Asturias, la delegación legislativa cuyo objeto sea la formación de textos articulados deberá otorgarse mediante:**

a) Decreto legislativo.
b) Ley de bases.
c) Ley ordinaria.
d) Cualquier disposición, sin forma concreta.

**9. Y cuando la delegación legislativa trate de refundir varios textos legales en uno solo, se hará mediante:**

a) Acuerdo.
b) Ley de bases.
c) Ley ordinaria.
d) Decreto legislativo.

**10. La facultad para oponerse a la tramitación por la Junta General del Principado de Asturias de una proposición de ley o una enmienda contraria a una delegación legislativa en vigor, corresponde:**

a) Al Presidente del Principado de Asturias.
b) Al Consejo de Gobierno.

c) A la Junta de Gobierno.
d) Al Presidente y a la Junta de Gobierno, según los casos.

**11. Según el Estatuto de Autonomía del Principado de Asturias, el número de miembros que componen la Junta General será de:**

a) Entre 35 y 45.
b) Entre 39 y 41.
c) 30.
d) 45 más dos por cada circunscripción electoral.

**12. La disolución anticipada al término natural de la legislatura de la Junta General será acordada por Decreto que dicte:**

a) El Presidente de la Mesa de la Cámara.
b) El Consejo de Gobierno, por mayoría de dos tercios de sus miembros.
c) El Presidente del Principado de Asturias.
d) La propia Junta General.

**13. Señala la respuesta incorrecta respecto al momento en el que no se podrá acordar por Decreto la disolución de la Junta General del Principado de Asturias:**

a) Durante el primer período de sesiones de la legislatura.
b) Si se encuentra en tramitación una cuestión de confianza.
c) Cuando reste menos de un año para la terminación de la legislatura.
d) Antes de que transcurra el plazo de un año desde la última disolución.

**14. Por regla general, las elecciones convocadas por el Presidente del Principado de Asturias se celebran:**

a) Siempre el cuarto domingo de mayo de cada cuatro años.
b) Una vez, al menos, cada cuatro años.
c) Dentro de los quince días siguientes a la convocatoria de elecciones.
d) El cuarto domingo de mayo del año siguiente a la disolución de la Cámara.

**15. ¿Cuántos periodos de sesiones ordinarias anuales celebra la Junta General del Principado de Asturias?**

a) Tres.
b) Cuatro.
c) Dos.
d) Uno.

**16. ¿A quiénes de los siguientes no se les reconoce estatutariamente legitimación para solicitar la celebración de una sesión extraordinaria de la Junta General de Asturias?**

a) Al Consejo de Gobierno.
b) Al Presidente del Principado de Asturias.
c) A la Diputación Permanente.
d) A la cuarta parte de sus miembros.

**17. La Junta General del Principado funciona:**

a) En Comisión permanente y en Comisión especial.
b) En Diputación permanente, especial y de Investigación.
c) En Pleno y en Diputación permanente o de investigación.
d) En Pleno y en Comisiones, sean permanentes o especiales.

**18. Cuando la Junta General del Principado no esté reunida o hubiere expirado su mandato, su actividad se encomienda a:**

a) La Mesa de la misma.
b) Su Consejo de Gobierno.
c) La Comisión Permanente.
d) La Diputación Permanente.

**19. Transcurrido el plazo de dos meses a partir de la constitución de la Junta General del Principado de Asturias sin que ningún candidato a Presidente hubiera sido elegido:**

a) Se nombrará provisionalmente al que haya obtenido más votos.
b) Se disolverá la Cámara y se convocarán nuevas elecciones.
c) Se celebrará nueva votación en el que se elegirá al que obtenga mayoría simple.
d) Se designará al miembro más antiguo de la Cámara.

**20. No es función del Presidente del Principado de Asturias:**

a) Ser Presidente del Consejo de Gobierno.
b) Ostentar la representación ordinaria del Estado en la Comunidad Autónoma.
c) Designar y separar a los consejeros.
d) Ejercitar la iniciativa legislativa.

En MADTEST tienes **más preguntas de este tema**, y todos tus avances quedan registrados y se reflejan en el ranking.

**¡Supera tus límites con MADTEST!**

# Solución al test n.º 8

**1.** d) Del artículo 143 CE.

**2.** c) El himno de la Comunidad Autónoma del Principado de Asturias es la canción "Asturias, Patria querida".

**3.** d) Concejo.

**4.** c) Los ciudadanos españoles que tengan vecindad administrativa en el territorio de la Comunidad.

**5.** a) Decretos legislativos.

**6.** d) Dictar normas con rango de ley.

**7.** a) Su Consejo de Gobierno.

**8.** b) Ley de bases.

**9.** c) Ley ordinaria.

**10.** b) Al Consejo de Gobierno.

**11.** a) Entre 35 y 45.

**12.** c) El Presidente del Principado de Asturias.

**13.** b) Si se encuentra en tramitación una cuestión de confianza.

**14.** b) Una vez, al menos, cada cuatro años.

**15.** c) Dos.

**16.** b) Al Presidente del Principado de Asturias.

**17.** d) En Pleno y en Comisiones, sean permanentes o especiales.

**18.** d) La Diputación Permanente.

**19.** b) Se disolverá la Cámara y se convocarán nuevas elecciones.

**20.** d) Ejercitar la iniciativa legislativa.

**Ley 2/2011, de 11 de marzo, para la igualdad efectiva
de mujeres y hombres y la erradicación de la violencia de género.
Título Preliminar: objeto, ámbito de aplicación y conceptos;
la integración del principio de igualdad entre mujeres y hombres
en la salud (Artículo 20); igualdad en el empleo público
(Capítulo II-Título III)**

**1. ¿En qué artículo constitucional se proclama el derecho a la igualdad?**

a) 1.
b) 14.
c) 23.
d) 43.

**2. El objeto de la Ley 2/2011 lo constituye:**

a) Remover los obstáculos para que la libertad y la igualdad del individuo y de los grupos en que se integra sean efectivas y reales.
b) Reforzar e impulsar la estrategia del enfoque integrado de género.
c) Garantizar la efectiva igualdad de derechos, trato y oportunidades entre mujeres y hombres.
d) Todas las anteriores.

**3. La Ley promueve la presencia equilibrada de mujeres y hombres:**

a) En el ámbito público exclusivamente.
b) En las relaciones sociales.
c) En los ámbitos tanto público como privado.
d) En las personas jurídicas y entidades siempre que cuenten con participación pública.

**4. La Ley aboga por que el principio de igualdad de trato y de oportunidades se aplique de forma:**

a) Solidaria.
b) Transversal.

c) Coordinada.
d) Empoderada.

**5. La ausencia de toda discriminación por razón de sexo, y, especialmente, las derivadas de la maternidad, la asunción de obligaciones familiares y el estado civil es lo que se denomina**

a) Discriminación directa.
b) Discriminación positiva.
c) Discriminación indirecta.
d) Igualdad de trato.

**6. Se considera "acoso por razón de sexo":**

a) La violencia como manifestación de la discriminación, la situación de desigualdad y las relaciones de poder de los hombres sobre las mujeres.
b) La discriminación, directa o indirecta, por razón de sexo, especialmente, derivada de la maternidad, la asunción de obligaciones familiares y el estado civil.
c) El comportamiento realizado en función del sexo de una persona, con el propósito de atentar contra su dignidad.
d) Cualquiera de las situaciones anteriores.

**7. Se denomina "integración del principio de igualdad entre mujeres y hombres en la salud":**

a) Al mantenimiento y mejora del nivel de salud de mujeres y hombres promoviendo la desaparición de las desigualdades de género en el campo de la salud.
b) Al derecho a la información referente al lugar de prestación de los servicios de atención, emergencia, apoyo y recuperación integral.
c) Al reconocimiento del derecho a la atención, emergencia, apoyo y acogida y recuperación integral de las mujeres víctimas de violencia de género.
d) A la defensa y representación gratuitas por abogado y procurador en todos los procesos y procedimientos administrativos que tengan causa directa o indirecta en la violencia padecida.

**8. ¿Qué medidas prevé la Ley para la detección, atención y apoyo a las mujeres víctimas de violencia de género?**

a) La asistencia de la Policía Judicial.
b) La Elaboración de protocolos de atención y coordinación.
c) La tipicidad de delitos en el ámbito preventivo.
d) La prestación de medidas de carácter económico.

**9. Para garantizar la igualdad en el empleo público, se prevé legalmente que la Administración del Principado de Asturias:**

a) Promueva la presencia equilibrada de mujeres y hombres en los órganos de selección y valoración.
b) Facilite la conciliación de la vida personal, familiar y laboral, con menoscabo de la promoción profesional.
c) Establezca medidas para potenciar cualquier discriminación retributiva, directa o indirecta, por razón de sexo.
d) Cualquiera de las anteriores.

**10. ¿Qué órgano del Principado de Asturias corresponde la aprobación del Plan de Igualdad en la Administración?**

a) A la persona titular de la Consejería competente en materia de políticas de Igualdad.
b) A la persona titular de la Consejería competente en materia de función pública.
c) Al Presidente del Principado de Asturias.
d) Al Consejo de Gobierno.

**11. ¿Y quién se encarga de hacer la propuesta para su aprobación?**

a) Unidad de Selección de Personal.
b) Subdirección de Evaluación y Planificación de Recursos Humanos.
c) Subdirección de Profesionales.
d) Oficina de Coordinación de Prevención de Riesgos Laborales y Salud Laboral.

**12. ¿Y la evaluación de su cumplimiento?**

a) El Instituto Asturiano de la Mujer.
b) La persona titular de la Consejería competente en materia de función pública.
c) La persona titular de la Consejería competente en materia de políticas de Igualdad.
d) Las personas a que se refieren las letras b y c, conjuntamente.

**13. El eje "Cultura de la organización" del I Plan de Igualdad de la Administración del Principado de Asturias, contiene los objetivos a alcanzar para:**

a) La visibilización de las desigualdades.
b) La presencia de la mujer en los centros de poder.
c) La implantación de sistemas de sistemas estratégicos transversales.
d) La integración del principio de igualdad.

**14. La celebración de reuniones dentro del horario fijo de trabajo: de 9:00 a 14.00 horas es un objetivo recogido en el del I Plan de Igualdad de la Administración del Principado de Asturias dentro del eje dedicado a:**

a) Los procesos de trabajo.
b) Las personas.

c) La cultura de la organización.
d) Ninguna es correcta.

**15. La integración de la perspectiva de género en los procesos habituales de trabajo es un objetivo del I Plan de Igualdad recogido en el eje de:**

a) Los procesos de trabajo.
b) La cultura de la organización.
c) Las medidas transversales.
d) Las personas.

**16. ¿Cuál de los siguientes elementos puede ser causa de discriminación según el principio de igualdad de trato?**

a) Nacionalidad.
b) Maternidad.
c) Nivel de estudios.
d) Lugar de residencia.

**17. ¿Cuál es uno de los objetivos principales del Principado de Asturias en el ámbito de la salud?**

a) Incrementar la inversión en tecnología sanitaria exclusivamente femenina.
b) Promover la desaparición de las desigualdades de género en la salud.
c) Garantizar atención médica solo para mujeres víctimas de violencia de género.
d) Priorizar enfermedades cardiovasculares en población masculina.

**18. ¿Qué eje del I Plan de Igualdad se refiere a la integración del principio de igualdad en la cultura organizacional?**

a) El eje de procesos de trabajo.
b) El eje de políticas públicas.
c) El eje de cultura de la organización.
d) El eje normativo.

**19. ¿Qué herramienta se pondrá en marcha para facilitar la conciliación en el empleo público?**

a) Reducción obligatoria de jornada para mujeres.
b) Un sistema de guarderías internas.
c) Una bolsa de horas para cubrir necesidades de conciliación.
d) Exención de guardias para el personal con hijos.

**20. ¿Qué finalidad tiene el análisis de datos desagregados por sexo?**

a) Reforzar las estadísticas nacionales exclusivamente.
b) Comprobar la eficiencia financiera de la Administración.
c) Conocer la situación diferenciada de mujeres y hombres.
d) Estudiar la natalidad y la fecundidad de la región.

En MADTEST tienes **más preguntas de este tema**, y todos tus avances quedan registrados y se reflejan en el ranking.

**¡Supera tus límites con MADTEST!**

# Solución al test n.º 9

**1.** b) 14.

**2.** c) Garantizar la efectiva igualdad de derechos, trato y oportunidades entre mujeres y hombres.

**3.** c) En los ámbitos tanto público como privado.

**4.** b) Transversal.

**5.** d) Igualdad de trato.

**6.** c) El comportamiento realizado en función del sexo de una persona, con el propósito de atentar contra su dignidad.

**7.** a) Al mantenimiento y mejora del nivel de salud de mujeres y hombres promoviendo la desaparición de las desigualdades de género en el campo de la salud.

**8.** b) La Elaboración de protocolos de atención y coordinación.

**9.** a) Promueva la presencia equilibrada de mujeres y hombres en los órganos de selección y valoración.

**10.** d) Al Consejo de Gobierno.

**11.** d) Oficina de Coordinación de Prevención de Riesgos Laborales y Salud Laboral.

**12.** d) Las personas a que se refieren las letras b y c, conjuntamente.

**13.** d) La integración del principio de igualdad.

**14.** b) Las personas.

**15.** a) Los procesos de trabajo.

**16.** b) Maternidad.

**17.** b) Promover la desaparición de las desigualdades de género en la salud.

**18.** c) El eje de cultura de la organización.

**19.** c) Una bolsa de horas para cubrir necesidades de conciliación.

**20.** c) Conocer la situación diferenciada de mujeres y hombres.

# PARTE ESPECÍFICA

# TEST N.º 10

**Áreas organizativas del servicio de lavandería y planchado. Áreas organizativas de la lavandería hospitalaria. Zona sucia: almacenamiento, clasificación, pesado y carga de lavadoras. La barrera sanitaria. Zona limpia: clasificación, secado, planchado, repaso (costura), empaquetado y distribución**

**1. ¿Cuál es la finalidad de una lavandería?**

a) Procesar la ropa sucia y contaminada convirtiéndola en ropa limpia que ayuda a la comodidad y cuidado del paciente.
b) Mejorar las cualidades iniciales de una prenda.
c) Eliminar la suciedad soluble.
d) Hacer que la ropa sea más cómoda gracias al desgaste del tejido durante el lavado.

**2. ¿Qué característica tendrán las superficies donde se deposite la ropa en una lavandería?**

a) Deslizantes.
b) No lavables.
c) No tendrán aberturas ni huecos donde puedan acumular suciedad.
d) Todas las respuestas son correctas.

**3. ¿Qué funciones tiene el servicio de lavandería y planchado?**

a) Reparación y/o reposición de los tejidos deteriorados.
b) Control de los tratamientos de la ropa sucia.
c) Control del tratamiento de la ropa limpia.
d) Todas las respuestas son correctas.

**4. ¿En qué momento se realiza la fase de centrifugado?**

a) Al inicio del lavado.
b) Durante el lavado, entre distintas fases.

c) Al final del proceso.
d) Antes del empaquetado.

**5. ¿Cómo se elimina el agua acumulada durante el lavado, en un tejido de rizo?**

a) Mediante secado.
b) Planchando.
c) Manteniendo las prendas de estas características juntas durante un tiempo hasta que se hayan escurrido.
d) Cualquiera de estos procesos es válido.

**6. ¿En qué área de la lavandería se realiza el marcaje de las prendas?**

a) Área de lavado.
b) Área de planchado.
c) Área de costura.
d) Área de empaquetado.

**7. ¿Qué importancia tiene que la bolsa donde se empaquete la ropa limpia sea transparente?**

a) Permite ver el contenido.
b) Aísla mejor de la luz.
c) Da sensación de mayor limpieza.
d) No tiene ninguna importancia si va o no empaquetada.

**8. ¿Qué separa la barrera sanitaria?**

a) La zona de distribución del resto de la lavandería.
b) La zona de entrada de ropa sucia del resto de la lavandería.
c) La zona sucia de la zona limpia.
d) La zona autorizada para personal de la zona pública.

**9. ¿Cómo se mueve la ropa sucia que llega a una lavandería?**

a) Por vagonetas.
b) Por cintas transportadoras.
c) Por rieles.
d) Todas las respuestas son correctas.

**10. ¿Qué peso de ropa se recomienda en cada lavado?**

a) La capacidad máxima de la lavadora.
b) La capacidad mínima de la máquina.
c) Un peso inferior a la capacidad máxima de la máquina.
d) Siempre 10 kg.

**11. ¿Qué afirmación no es correcta?**

a) La lavadora se carga por la zona sucia.
b) La lavadora se descarga por la zona limpia.
c) La lavadora desagua por la zona limpia.
d) Las respuestas a) y b) son correctas.

**12. ¿Qué función tiene crear presión de aire negativa en la zona sucia?**

a) La circulación de aire será desde la zona limpia hacia la zona sucia.
b) La circulación de aire será desde la zona sucia hacia la zona limpia.
c) Evitar el exceso de calor acumulado por los equipos.
d) Actuar como vehículo de transmisión de infecciones.

**13. ¿En qué momento se deslía la ropa?**

a) Al salir de la calandra.
b) Al salir del túnel de secado.
c) Al salir del túnel de lavado.
d) Antes de su distribución.

**14. Indica la respuesta correcta:**

a) En el túnel de secado se eliminan totalmente la humedad mediante aire caliente.
b) Se utiliza para ropa de forma.
c) Se eliminan las arrugas, y en muchos casos ya no es necesario planchar.
d) Todas las respuestas son correctas.

**15. ¿En qué se basa el planchado de la ropa?**

a) Calor.
b) Presión.
c) Frotación.
d) Las respuestas a) y b) son correctas.

**16. ¿Qué se hace con las prendas que han sido repasadas?**

a) Se empaquetan.
b) Se planchan.
c) Se lavan.
d) Se desechan.

**17. ¿Qué ocurre cuando el peso de ropa por lavado es mayor que el recomendado?**

a) La ropa queda más apretada, dificultando que los productos puedan penetrar en los tejidos. Este problema no se va a resolver aumentando la dosis de detergente.
b) Las prendas no quedan limpias, y pueden permanecer restos de suciedad en algunas zonas.

c) Las máquinas trabajan más forzadas, y el sistema se puede dañar causando una avería.

d) Todas las respuestas son correctas.

### 18. ¿Qué prendas contiene un lote de ropa?

a) Prendas con características similares, que puedan ser sometidas al mismo programa de lavado.

b) Un juego completo para un paciente.

c) Las necesidades de una planta para un día.

d) Ninguna respuesta es correcta.

### 19. ¿Cuál de las siguientes no es función del área de secado y planchado?

a) Planchado en calandra.

b) Clasificación de ropa limpia.

c) Carga de lavadoras.

d) Carga de secadoras.

### 20. ¿Qué tipo de gestión tiene una lavandería centralizada?

a) Propia.

b) Ajena.

c) Reducida a centros pequeños.

d) No existen las lavanderías centralizadas.

# Solución al test n.º 10

**1.** a) Procesar la ropa sucia y contaminada convirtiéndola en ropa limpia que ayuda a la comodidad y cuidado del paciente.

**2.** c) No tendrán aberturas ni huecos donde puedan acumular suciedad.

**3.** d) Todas las respuestas son correctas.

**4.** b) Durante el lavado, entre distintas fases.

**5.** a) Mediante secado.

**6.** c) Área de costura.

**7.** a) Permite ver el contenido.

**8.** c) La zona sucia de la zona limpia.

**9.** d) Todas las respuestas son correctas.

**10.** c) Un peso inferior a la capacidad máxima de la máquina.

**11.** c) La lavadora desagua por la zona limpia.

**12.** a) La circulación de aire será desde la zona limpia hacia la zona sucia.

**13.** c) Al salir del túnel de lavado.

**14.** d) Todas las respuestas son correctas.

**15.** d) Las respuestas a) y b) son correctas.

**16.** c) Se lavan.

**17.** d) Todas las respuestas son correctas.

**18.** a) Prendas con características similares, que puedan ser sometidas al mismo programa de lavado.

**19.** c) Carga de lavadoras.

**20.** a) Propia.

# TEST N.º 11

**Medios y recursos materiales del servicio de lavandería y planchado. Zona de clasificación, contenedores, mesas de clasificación, cintas y básculas. Sistemas de lavado de ropa: lavadoras y túneles de lavado. Sistemas de secado/planchado de ropa: secadoras, calandras, plegadoras, centrales de planchado y túneles de secado, doblado y apilado**

**1. ¿Cómo influyen los turnos y la distribución del trabajo en la elección de maquinaria para una lavandería?**

a) Número de horas que van a estar las máquinas en funcionamiento.
b) Incremento de trabajo durante horas concretas del día.
c) Incremento de trabajo en algunos días de la semana.
d) Todas las respuestas son correctas.

**2. ¿Cuáles de las siguientes máquinas se utilizan para el empaquetado y la distribución de la ropa limpia?**

a) Secadora.
b) Calandra.
c) Empaquetadora.
d) Centrífuga.

**3. ¿Qué característica no es deseable en un producto de lavado?**

a) Biodegradable.
b) Agresivo con la ropa.
c) Eficaz.
d) Todas son características deseables.

**4. ¿Qué sistema de dosificación se utiliza para el detergente en una lavandería centralizada?**

a) Sistema de depósito de predisolución.
b) Método manual.

c) Difusión automática inicial.
d) Remoto.

**5. ¿Puede un trabajador hacer un cambio de circuito dentro de la misma jornada?**

a) No, nunca.
b) Sí, siempre que se requiera.
c) No sin aseo previo.
d) Sí, sin aseo previo.

**6. ¿Qué son los pesebres?**

a) Contenedores.
b) Jaulas.
c) Sacos.
d) Carros.

**7. ¿Qué tamaño es más habitual para los contenedores de ropa en la lavandería?**

a) 1 o 2 litros.
b) 30 o 40 litros.
c) 300 o 400 litros.
d) 2000 o 3000 litros.

**8. ¿Cómo son las cintas de tablillas?**

a) Sistema de transporte formado por una banda continua que se mueve mediante dos rodillos en los extremos.
b) Sistema de arrastre formado por una sucesión de tablillas paralelas.
c) Sistema formado por un conjunto de rodillos, uno a continuación del otro, que giran al mismo tiempo pero de manera independiente.
d) Ninguna respuesta es correcta.

**9. ¿Cómo funciona un transportador aéreo de cargas pesadas?**

a) Consiste en un sistema de raíles a través del que se mueven unos colgadores que soportan las bolsas con los lotes de ropa.
b) La línea de transporte está formada por un conjunto de rodillos, uno a continuación del otro, que giran al mismo tiempo pero de manera independiente.
c) Es un sistema de transporte manual que facilita el traslado de la carga.
d) Todas las respuestas son correctas.

**10. ¿En qué consiste el sistema discontinuo de lavado?**

a) En la separación de las fases en el tiempo.
b) Es el que utilizan las lavadoras convencionales de pequeño tamaño, como las de uso doméstico.

c) Consiste en dividir las fases del lavado en diferentes compartimentos comunicados entre sí y que pueden funcionar al mismo tiempo.

d) Son correctas las respuestas a) y b).

## 11. ¿Cómo se define la capacidad de una lavadora?

a) Velocidad de centrifugación.
b) Cantidad de ropa que puede lavar en un ciclo.
c) Presencia o no de base antivibratoria.
d) Tamaño del equipo.

## 12. ¿Cómo sale la ropa de la secadora?

a) Totalmente seca.
b) Parcialmente seca.
c) Totalmente húmeda.
d) Totalmente seca o con un grado de humedad que dependerá del tiempo del programa aplicado.

## 13. ¿Qué es la calandra?

a) Un equipo de lavado.
b) Un equipo de planchado.
c) Un sistema de depuración de agua.
d) Un tipo de lavandería.

## 14. ¿Cómo es la parte superior de la prensa de planchado?

a) Abatible.
b) Inmóvil.
c) Almohadillada.
d) Todas las respuestas son correctas.

## 15. ¿Para qué caso utilizaría planchado por difusión de vapor?

a) Tejidos muy delicados.
b) Sábanas.
c) Toallas.
d) Todas las respuestas son correctas.

## 16. ¿Cómo limpiaría la plancha a vapor?

a) Con agua del grifo.
b) Con agua destilada.
c) Con aceite.
d) Con sal.

**17. ¿Qué tipo de contenedor se utiliza para el vaciado de la secadora?**

a) Jaulas tipo roll-tainer.
b) Contenedores tipo trolleys.
c) Carros de fondeo remontables.
d) Las respuestas b) y c) son correctas.

**18. ¿Cuál de los siguientes es objetivo del mantenimiento de la maquinaria?**

a) Obtener un buen rendimiento energético.
b) Minimizar el deterioro ambiental.
c) Fijar la periodicidad de las revisiones.
d) Todas las respuestas son correctas.

**19. Entre las instalaciones de una lavandería hospitalaria, encontramos:**

a) Calandras.
b) Secadoras.
c) Empaquetadoras.
d) Todas son correctas.

**20. Una empaquetadora es:**

a) Una máquina de planchado de ropa de firma.
b) Una máquina donde se empaqueta la ropa con plástico.
c) Una máquina de lavado de ropa.
d) Una máquina de hacer paquetes con papel maché.

En MADTEST tienes **más preguntas de este tema**, y todos tus avances quedan registrados y se reflejan en el ranking.

**¡Supera tus límites con MADTEST!**

# Solución al test n.º 11

**1.** d) Todas las respuestas son correctas.

**2.** c) Empaquetadora.

**3.** b) Agresivo con la ropa.

**4.** a) Sistema de depósito de predisolución.

**5.** c) No sin aseo previo.

**6.** a) Contenedores.

**7.** c) 300 o 400 litros.

**8.** b) Sistema de arrastre formado por una sucesión de tablillas paralelas.

**9.** a) Consiste en un sistema de raíles a través del que se mueven unos colgadores que soportan las bolsas con los lotes de ropa.

**10.** d) Son correctas las respuestas a) y b).

**11.** b) Cantidad de ropa que puede lavar en un ciclo.

**12.** d) Totalmente seca o con un grado de humedad que dependerá del tiempo del programa aplicado.

**13.** b) Un equipo de planchado.

**14.** a) Abatible.

**15.** a) Tejidos muy delicados.

**16.** b) Con agua destilada.

**17.** d) Las respuestas b) y c) son correctas.

**18.** d) Todas las respuestas son correctas.

**19.** d) Todas son correctas.

**20.** b) Una máquina donde se empaqueta la ropa con plástico.

**La ropa hospitalaria. Tipos y características: ropa plana y ropa de forma hospitalaria. La ropa limpia: manipulación, transporte y almacenamiento. La ropa sucia: manipulación, recogida, transporte y almacenamiento**

**1. A lo largo de todo el proceso de lavado, ¿qué puntos de control registran el movimiento de la prenda?**

a) El personal de limpieza y clasificación.
b) El registro en software de gestión.
c) Los puntos de lectura.
d) La etapa de reagrupación y envío.

**2. ¿Cómo se configura la tarea de marcaje dentro de la logística de las lavanderías industriales y hospitalarias?**

a) Como una tarea logística que, gracias a la tecnología, permite procesar volúmenes masivos de ropa.
b) Como un método más lento que requiere escanear cada prenda individualmente.
c) Como un método básico y manual para clientes individuales.
d) Como un proceso para asegurar la distinción entre personal, pacientes y visitas.

**3. ¿Qué función principal cumple la ropa en la experiencia del paciente en un hospital, aparte de abrigo y protección?**

a) Facilitar la distinción entre el personal, los pacientes y las visitas.
b) Ayudar a su bienestar y recuperación, y dar intimidad.
c) Proteger al personal de contagios y otros riesgos.
d) Asegurar que el paciente pueda identificar a un trabajador.

**4. ¿Qué institución pública se menciona como fuente para la clasificación de los tipos de ropa hospitalaria en ropa de línea o de forma?**

a) El Ministerio de Sanidad y Consumo.
b) El Sistema Nacional de Salud (SNS).

c) El Instituto Nacional de la Salud en su manual de planificación técnica y funcional.
d) La Organización Mundial de la Salud (OMS).

**5. Según el tipo de ropa de línea hospitalaria listada en las tablas, ¿qué composición comparten las sábanas blancas, la sábana entremetida y las fundas de almohada?**

a) Algodón 100%.
b) Fibra Poliéster 100%.
c) Poliéster algodón 67/33.
d) Felpa plastificada.

**6. ¿Qué material se utiliza en la composición de los gorros verdes de quirófano, según la tabla de ropa hospitalaria?**

a) Hilo 100%.
b) Algod. cruzadillo 100%.
c) Algodón 100%.
d) Felpa plástico.

**7. ¿Qué prendas de forma hospitalaria se mencionan que están compuestas por una mezcla de Poliéster y Algodón en una proporción 67/33?**

a) Bata doctor/a (blanca) y Equipos blancos técnicos.
b) Camisetas niño y Pijamas para bebé.
c) Pijamas de enfermo y camisones de señora.
d) Gorros blancos Desechable y Batas A. E. blancas.

**8. ¿Cuál es la composición del tejido de la bata blanca (gobemanta) y la bata blanca (p. oficio)?**

a) Poliéster-algodón.
b) Tergal.
c) Poliéster.
d) Algodón.

**9. ¿Qué elemento se considera una de las tres características básicas de la ropa hospitalaria según la Actividad 1?**

a) Resistencia a las altas temperaturas.
b) Flexibilidad.
c) Suavidad.
d) Ausencia de porosidad.

**10. Si un centro es una residencia de ancianos y el usuario utiliza su propia ropa, ¿qué se hace necesario en el programa de lavado?**

a) El uso de diferentes programas de lavado debido a la variedad de tejidos y colores.
b) Aplicar siempre un programa de desinfección para evitar la transmisión de enfermedades.

c) Someter la ropa a tratamientos demasiado agresivos debido a la gran variedad.
d) Utilizar una composición de tejidos más delicados.

**11. ¿Qué tipo de manchas se encontrarán frecuentemente en el uniforme de un cocinero, según el uso de la ropa?**

a) Manchas de grasa.
b) Manchas de tinte y decoloración.
c) Manchas orgánicas y de tipo proteico.
d) Manchas de tipo ácido.

**12. ¿Qué característica de la ropa puede ser importante a la hora de aplicar determinados tratamientos, ya que algunos no resisten las altas temperaturas?**

a) El color.
b) Los tejidos.
c) La forma de la prenda (línea o forma).
d) La composición del hilo.

**13. ¿Qué tipo de ropa se describe como piezas de forma irregular, constituidas por varias piezas unidas por costuras, que requieren planchado especial?**

a) Ropa de forma.
b) Ropa lisa.
c) Ropa de línea.
d) Ropa de quirófano.

**14. ¿Cuál es una de las tres funciones básicas de la ropa de trabajo (uniforme)?**

a) Impedir que el trabajador lleve microorganismos desde la calle al centro.
b) Facilitar la distinción entre el personal, los pacientes y visitas.
c) Proteger al personal de contagios, y de otros riesgos.
d) Todas las anteriores son funciones básicas.

**15. ¿Qué características debe tener la ropa de trabajo en cuanto a su composición y diseño?**

a) No debe ser poroso ni absorber la humedad, y no tendrá botones, pliegues o huecos.
b) Debe ser holgada y permitir el libre movimiento del cuerpo para la comodidad.
c) Debe ser de color verde si se utiliza en quirófano.
d) Se compondrá normalmente de una bata abierta y botones grandes.

**16. En los lugares donde se manejen productos anestésicos, ¿qué tejido se evitará usar y por qué?**

a) Algodón, porque existe riesgo de generar un arco eléctrico.
b) Poliéster, porque existe riesgo de generar un arco eléctrico.

c) Tergal, porque existe riesgo de generar un arco eléctrico.
d) Hilo, porque existe riesgo de generar un arco eléctrico.

**17. ¿Qué característica básica de la ropa hospitalaria se asegura cuando es holgada y permite el libre movimiento del cuerpo?**

a) Higiene.
b) Suavidad.
c) Comodidad.
d) Resistencia.

**18. Para lograr unas condiciones higiénicas óptimas en la ropa hospitalaria, ¿qué procesos deben realizarse correctamente?**

a) Lavado, desinfección, secado, planchado y almacenamiento.
b) Únicamente el lavado y la desinfección en agua caliente.
c) El control constante de la ropa que entra diariamente en la lavandería.
d) Solo el uso de tejidos que no presenten pliegues o arrugas.

**19. ¿Qué variable de cantidad de ropa se define como la cantidad de ropa sucia que entra en la lavandería?**

a) Ropa producida.
b) Ropa tratada.
c) Ropa lavada.
d) Ropa contaminada.

**20. En relación al peso, ¿por qué el peso de la ropa tratada (sucia que entra) es mayor?**

a) Porque lleva cierto grado de humedad y es frecuente que dentro de la bolsa vayan múltiples y variados objetos.
b) Porque solo se pesa la ropa que ha pasado por el proceso de higienización.
c) Porque se le añade el peso de los objetos no textiles que pudieran ir en la bolsa.
d) Porque no se ha descontado aún la ropa que no queda perfectamente limpia.

# Solución al test n.º 12

**1.** c) Los puntos de lectura.

**2.** a) Como una tarea logística que, gracias a la tecnología, permite procesar volúmenes masivos de ropa.

**3.** b) Ayudar a su bienestar y recuperación, y dar intimidad.

**4.** c) El Instituto Nacional de la Salud en su manual de planificación técnica y funcional.

**5.** a) Algodón 100%.

**6.** b) Algod. cruzadillo 100%.

**7.** c) Pijamas de enfermo y camisones de señora.

**8.** a) Poliéster-algodón.

**9.** c) Suavidad.

**10.** a) El uso de diferentes programas de lavado debido a la variedad de tejidos y colores.

**11.** c) Manchas orgánicas y de tipo proteico.

**12.** b) Los tejidos.

**13.** a) Ropa de forma.

**14.** d) Todas las anteriores son funciones básicas.

**15.** a) No debe ser poroso ni absorber la humedad, y no tendrá botones, pliegues o huecos.

**16.** b) Poliéster, porque existe riesgo de generar un arco eléctrico.

**17.** c) Comodidad.

**18.** a) Lavado, desinfección, secado, planchado y almacenamiento.

**19.** b) Ropa tratada.

**20.** a) Porque lleva cierto grado de humedad y es frecuente que dentro de la bolsa vayan múltiples y variados objetos.

# TEST N.º 13

**Procesos de lavado y desinfección de ropa hospitalaria. Prelavado y lavado de ropa. Tipos de locales e indicaciones técnicas en el procesado de ropa. Normas de actuación del personal. Controles higiénicos. Los detergentes. Tipos de detergente: de prelavado, lavado, enjuague y suavizantes. Procesos de selección de detergentes y productos de lavado**

**1. ¿Qué procesos forman parte de un ciclo de lavado?**

a) Humectación y prelavado.
b) Lavado, aclarado y centrifugado.
c) Lejiado y neutralizado.
d) Todas las respuestas son correctas.

**2. ¿Cómo se mantiene la ropa durante la humectación?**

a) En agua fría durante 3-5 minutos.
b) En agua caliente durante 3-5 minutos.
c) En agua fría durante una hora.
d) En agua tibia sin tiempo determinado.

**3. ¿En qué consiste el aclarado de la ropa?**

a) En mojar la ropa con agua y detergente.
b) En mantener la ropa mojada para que no se arrugue.
c) En utilizar agua limpia para disolver los productos de lavado y las suciedades eliminadas.
d) En someter la ropa a giros rápidos para eliminar el agua retenida.

**4. ¿Qué objetivo tiene el lejiado de la ropa?**

a) Blanquear.
b) Desinfectar.

c) Emulsionar las suciedades.

d) Son correctas las respuestas a) y b).

**5. ¿Qué es falso sobre el suavizante de la ropa?**

a) Se añade en el último aclarado.

b) No necesita aclarado posterior.

c) Es recomendable en todo tipo de tejidos.

d) Mejora el tacto de la prenda.

**6. ¿Qué prendas aguantan como mucho 30º durante el lavado?**

a) Tejidos sintéticos.

b) Que puedan desteñir.

c) Algodón.

d) Todas las respuestas son correctas.

**7. ¿Quién puede acceder a las instalaciones de la lavandería?**

a) Solo el personal, que dispondrá de ropa de trabajo y equipos de protección individual adecuados.

b) Cualquier persona que lleve equipo de protección individual adecuado.

c) Todos los trabajadores de centros relacionados.

d) El público en general.

**8. ¿Qué afirmación es correcta sobre el agua oxigenada?**

a) Se añade al agua fría.

b) El tratamiento con este producto asegura la protección de los tejidos delicados.

c) Se inactiva con el calor.

d) Todas las afirmaciones anteriores son correctas.

**9. ¿Qué medidas de higiene se aplican a los carros de la lavandería?**

a) Se limpiarán y desinfectarán en túnel de lavado.

b) El túnel de lavado alcanzará los 1000 ºC.

c) Se utilizarán productos desinfectantes de bajo espectro, como la lejía.

d) Todas las respuestas son correctas.

**10. ¿En qué tipo de lavandería es más complejo el control del proceso?**

a) Estructura vertical.

b) Estructura horizontal.

c) Estructura mixta.

d) Lavandería pequeña.

**11. ¿Qué es el principio de "marcha adelante"?**

a) Separación de fases.
b) No retorno.
c) Barrera sanitaria.
d) Circuitos separados.

**12. ¿Cuál de los siguientes no es un objetivo del lavado de ropa?**

a) Eliminación total de la suciedad presente en la ropa, sin deteriorar los tejidos, utilizando los productos adecuados.
b) Desinfección de las prendas, cuando sea necesario.
c) Eliminación de todo tipo de manchas, imperfecciones y arrugas.
d) Blanqueo de los tejidos.

**13. ¿Cuándo se realiza la fase de humectación?**

a) A la mitad del lavado.
b) En el prelavado.
c) Antes del resto de las fases del proceso de lavado.
d) Las respuestas b) y c) son correctas.

**14. ¿Qué procesos forman parte del tercer ciclo del prelavado?**

a) Lejiado.
b) Aclarado con expulsión del agua y centrifugado.
c) Se pone en funcionamiento el termostato para calentar el agua.
d) Todas las repuestas son correctas.

**15. ¿En qué momento se produce el aclarado?**

a) En la fase de prelavado.
b) En la fase de lavado.
c) Tras la adición y acción de cada producto.
d) Tras el centrifugado.

**16. ¿En qué momento se añade la lejía?**

a) Durante el prelavado.
b) Antes del prelavado.
c) Después del lavado.
d) Las opciones a) y c) son correctas.

**17. ¿Qué ventajas tiene el lejiado tras el lavado?**

a) Mejor blanqueo.
b) Mayor fijación de cloro.

c) No necesita neutralizante.
d) Todas las respuestas son correctas.

**18. ¿Qué finalidad tiene el neutralizado?**

a) El aclarado de los tejidos.
b) El blanqueo de los tejidos.
c) Evitar que queden restos de cloro en los tejidos.
d) Evitar el desteñido.

**19. ¿Qué parámetros definen un programa de lavado?**

a) La duración del lavado.
b) La temperatura.
c) Los aditivos de cada fase.
d) Todas las respuestas son correctas.

**20. ¿Cuál es la temperatura máxima de lavado para ropa blanca de algodón?**

a) 95 ºC.
b) 60 ºC.
c) 40 ºC.
d) 30 ºC.

En MADTEST tienes **más preguntas de este tema**, y todos tus avances quedan registrados y se reflejan en el ranking.

**¡Supera tus límites con MADTEST!**

# Solución al test n.º 13

**1.** d) Todas las respuestas son correctas.

**2.** a) En agua fría durante 3-5 minutos.

**3.** c) En utilizar agua limpia para disolver los productos de lavado y las suciedades eliminadas.

**4.** d) Son correctas las respuestas a) y b).

**5.** c) Es recomendable en todo tipo de tejidos.

**6.** b) Que puedan desteñir.

**7.** a) Solo el personal, que dispondrá de ropa de trabajo y equipos de protección individual adecuados.

**8.** b) El tratamiento con este producto asegura la protección de los tejidos delicados.

**9.** a) Se limpiarán y desinfectarán en túnel de lavado.

**10.** a) Estructura vertical.

**11.** b) No retorno.

**12.** c) Eliminación de todo tipo de manchas, imperfecciones y arrugas.

**13.** c) Antes del resto de las fases del proceso de lavado.

**14.** b) Aclarado con expulsión del agua y centrifugado.

**15.** c) Tras la adición y acción de cada producto.

**16.** d) Las opciones a) y c) son correctas.

**17.** a) Mejor blanqueo.

**18.** c) Evitar que queden restos de cloro en los tejidos.

**19.** d) Todas las respuestas son correctas.

**20.** a) 95 °C.

# TEST N.º 14

**Características de los textiles y estudio de las diferentes fibras que componen los tejidos. Reacción de los tejidos a la acción de ácidos, lejías, oxidantes, temperatura y acción mecánica. Factores que intervienen en un buen planchado. Presión, vapor al vacío. Tiempos para la vaporización y el vacío. Manipulación de la ropa limpia en el área de planchado. Actuación de las fibras textiles frente al planchado. Cuidados en la operación y riesgos en las piezas al planchado**

**1. ¿Cuál es la definición de tejido?**

a) El resultado de la unión sólida de un conjunto de fibras dispuestas de forma paralela.
b) La capacidad de un material de ser transformado en hilo.
c) El proceso de entrelazar hilos de forma regular, para fabricar un producto plano.
d) La técnica de cruzar dos conjuntos de hilos: urdimbre y trama.

**2. ¿Cómo se denomina el conjunto de hilos que se sitúa a lo largo del telar?**

a) Urdimbre.
b) Trama.
c) Hilo.
d) Fibra.

**3. ¿Qué tipo de tejido se define como el resultante de cruzar un hilo de trama con cada hilo de urdimbre?**

a) Tafetán.
b) Cruzado.
c) Satén.
d) Lizo.

**4. ¿Qué ejemplo de tejido se obtiene levantando los hilos sobre un tejido básico, dejando la superficie cubierta de bucles o terminaciones?**

a) Raso.
b) Brocados.

c) Felpa.
d) Mezclilla.

**5. ¿Qué característica se obtiene en los hilos cuando se aplica una torsión fuerte durante el hilado?**

a) Hilos de superficie suave.
b) Hilos poco torcidos.
c) Hilos resistentes que darán telas más duras, resistentes al rozamiento.
d) Hilos obtenidos a partir de fibras cortas.

**6. ¿Qué tipo de telas se obtienen con una torsión ligera en el hilado?**

a) Telas más duras y resistentes que se ensucian y arrugan menos.
b) Telas de superficie suave.
c) Hilos de mejor calidad, obtenidos a partir de fibras largas.
d) Hilos resistentes al rozamiento.

**7. ¿Qué característica deben tener las fibras para obtener hilos, aunque si son cortas se pueden obtener hilos menos resistentes mediante carda?**

a) Gran longitud.
b) Pequeño diámetro.
c) Resistencia a la tracción.
d) Suavidad.

**8. ¿Qué factor influye en la suavidad de la fibra además de la torsión del hilo?**

a) La resistencia a la tracción y flexión.
b) Que el tejido esté en contacto con el cuerpo.
c) La elasticidad o flexibilidad.
d) La porosidad de la fibra.

**9. ¿Qué propiedad física permite que las fibras se unan unas a otras facilitando la formación del hilo mediante la torsión?**

a) Cohesión.
b) Elasticidad o flexibilidad.
c) Resistencia a la flexión.
d) Porosidad.

**10. ¿Cómo se clasifican las fibras naturales según su origen?**

a) En fibras discontinuas y filamentos continuos.
b) En lana, pelos y sedas.

c) De origen animal o vegetal.
d) En artificiales y sintéticas.

### 11. ¿Qué propiedad de la lana se menciona que aumenta gracias al rizado de las fibras?

a) Ser ligera y elástica.
b) Ser aislante y absorbente de la humedad.
c) Ser la más utilizada procedente de las ovejas.
d) Su superficie recubierta de pequeñas y abundantes escamas.

### 12. ¿De dónde procede la seda auténtica?

a) De los gusanos.
b) De arañas o mariposas, con menor importancia textil.
c) De las semillas de plantas tropicales.
d) De los pelos de cabra o camello.

### 13. ¿Qué característica hace del algodón la fibra de origen vegetal más común y utilizada en la industria textil?

a) Se obtiene a partir de una planta tropical mediante recolección manual.
b) Se teje y tiñe fácilmente.
c) Es resistente, absorbente y cómoda.
d) Se utiliza principalmente para rellenar colchones y almohadas.

### 14. ¿Cuál es el uso principal del miraguano?

a) Confeccionar prendas de verano.
b) Para rellenar colchones y almohadas.
c) Obtener la estopa.
d) Conducir el calor.

### 15. ¿Qué propiedad del lino lo hace adecuado para confeccionar prendas de verano?

a) Su gran resistencia.
b) Conduce bastante bien el calor, dando sensación de frescor.
c) Tiene la capacidad de absorber cierta cantidad de agua sin tener tacto húmedo.
d) Está formado por fibras largas y rectas.

### 16. ¿De qué parte de la planta se obtiene la fibra de coco?

a) De tallos (como el yute y el cáñamo).
b) De hojas (como el sisal o la rafia).
c) De frutos.
d) De semillas (como el miraguano).

### 17. ¿Qué son las fibras artificiales?

a) Aquellas que se obtienen a partir de polímeros naturales mediante un proceso químico.
b) Las que se obtienen directamente de la naturaleza.
c) Las que se obtienen químicamente por polimerización de derivados del carbón o el petróleo.
d) Las que se obtienen por cardado de fibras cortas.

### 18. ¿Cuál de las siguientes es una fibra sintética común?

a) Rayón.
b) Seda.
c) Poliéster (tergal).
d) Acetato.

### 19. El comportamiento a la fricción (pilling y abrasión) se clasifica dentro de qué tipo de propiedades de las fibras?

a) Mecánicas.
b) Superficiales.
c) Eléctricas.
d) Térmicas.

### 20. ¿Qué acción de la intemperie se incluye dentro de las propiedades químicas de las fibras?

a) Comportamiento al fuego.
b) Brillo y color.
c) Acción de la luz solar.
d) Comportamiento a tracción, torsión y flexión.

En MADTEST tienes **más preguntas de este tema**, y todos tus avances quedan registrados y se reflejan en el ranking.

**¡Supera tus límites con MADTEST!**

# Solución al test n.º 14

**1.** c) El proceso de entrelazar hilos de forma regular, para fabricar un producto plano.

**2.** a) Urdimbre.

**3.** a) Tafetán.

**4.** c) Felpa.

**5.** c) Hilos resistentes que darán telas más duras, resistentes al rozamiento.

**6.** b) Telas de superficie suave.

**7.** a) Gran longitud.

**8.** b) Que el tejido esté en contacto con el cuerpo.

**9.** a) Cohesión.

**10.** c) De origen animal o vegetal.

**11.** b) Ser aislante y absorbente de la humedad.

**12.** a) De los gusanos.

**13.** c) Es resistente, absorbente y cómoda.

**14.** b) Para rellenar colchones y almohadas.

**15.** b) Conduce bastante bien el calor, dando sensación de frescor.

**16.** c) De frutos.

**17.** a) Aquellas que se obtienen a partir de polímeros naturales mediante un proceso químico.

**18.** c) Poliéster (tergal).

**19.** b) Superficiales.

**20.** c) Acción de la luz solar.

# TEST N.º 15

**Concepto de calidad en hostelería hospitalaria, calidad percibida por el usuario. Aportación del proceso textil en la calidad percibida por el usuario. El trabajo en equipo**

### 1. ¿Qué pretenden las medidas correctoras?

a) Detectar los riesgos y puntos críticos y buscar la manera de evitar fallos o desviaciones sobre lo planificado.

b) Solucionar los problemas una vez que se han producido y detectado.

c) Comprobar que se cumplen los criterios de calidad en todos y cada uno de los puntos del proceso.

d) Comprobar que las medidas correctoras son eficaces y resuelven los problemas.

### 2. ¿Qué objetivo tiene la gestión de calidad?

a) Alcanzar la calidad en el producto final.

b) Alcanzar la calidad en al menos una fase del proceso.

c) Alcanzar la calidad en cada una de las fases del proceso.

d) Alcanzar la calidad en cada una de las fases del proceso y en el producto final.

### 3. ¿Cuándo se consigue la calidad higiénica del producto?

a) Cuando se elimina la suciedad que se ve.

b) Cuando se elimina la contaminación por microorganismos.

c) Siempre que se somete a procesos de lavado.

d) Son correctas las respuestas a) y b).

### 4. ¿Qué son los tiempos no productivos?

a) Tiempos necesarios para revisar la maquinaria.

b) Tiempos debidos a problemas de organización.

c) Los tiempos que implican acciones no relacionadas directamente con procesos productivos.

d) Todas las respuestas son correctas.

## 5. ¿Cómo se alcanza la calidad total?

a) Por un proceso de mejora continua.
b) Detectando errores.
c) Manteniendo el proceso homogéneo.
d) Ninguna respuesta es correcta.

## 6. ¿Qué establece un programa de calidad?

a) Sistemas de calidad.
b) Manera de proceder, recursos necesarios en cada área de trabajo y fases del proceso.
c) ICTE.
d) EFQM.

## 7. ¿Cuál es la marca de calidad turística?

a) P.
b) Q.
c) S.
d) Z.

## 8. ¿Qué es EFQM?

a) Modelo de excelencia empresarial.
b) Sistema de calidad.
c) Marca de calidad.
d) Norma de calidad.

## 9. ¿En qué fase del proceso de calidad se utilizan mecanismos de control y verificación para conocer si los resultados obtenidos se corresponden con los esperados?

a) Planificación.
b) Acción.
c) Verificación.
d) Corrección.

## 10. ¿Qué es la encuesta?

a) Un instrumento para recogida de datos.
b) Una hoja de recogida de datos.
c) Un instrumento para analizar datos.
d) Un instrumento para evaluación.

## 11. ¿Qué diferencia al grupo del equipo?

a) Grupo: equipo de personas que se organiza para realizar actividades con objetivos precisos.
b) Equipo: grupo de personas que se organiza para realizar actividades con objetivos precisos.

c) Son conceptos iguales.
d) Un grupo es más numeroso que un equipo.

## 12. ¿Qué beneficio/s tiene el trabajo en equipo?

a) Disminuye la carga de trabajo, ya que varias personas colaboran.
b) Mejora la calidad de los resultados.
c) Optimización de recursos materiales y humanos.
d) Todos los anteriores entre otros.

## 13. ¿Qué es un equipo multidisciplinar?

a) Equipo de trabajo formado por especialistas que cubren todas las áreas afectadas.
b) Equipo de profesionales con formación y capacidad homogénea capaz de realizar múltiples funciones.
c) Equipo de trabajo con normas disciplinarias diversas que rigen su funcionamiento.
d) Ninguna respuesta es correcta.

## 14. ¿Cuál de los siguientes es un rol funcional de producción?

a) Crítico.
b) Activador.
c) Gracioso.
d) Positivo.

## 15. ¿Qué rol desempeña la persona que siempre está dispuesta a ayudar a sus compañeros?

a) Positivo.
b) Intelectual.
c) Empatizador.
d) Colaborador.

## 16. ¿Cuál de estas no es una característica que deban presentar los líderes?

a) Indecisión.
b) Inteligencia.
c) Equilibrio emotivo.
d) Aptitud para el trato.

## 17. ¿Cuál de las siguientes es función del líder?

a) Definir la misión y el papel del grupo.
b) Imbuir el espíritu del grupo.
c) Ordenar y controlar los conflictos internos.
d) Todas las respuestas son correctas.

**18. ¿Qué son los roles disfuncionales?**

a) Aquellos orientados a la satisfacción de los intereses individuales y suelen expresar las dificultades por las que pasa el equipo.

b) Todos aquellos comportamientos que contribuyen al desarrollo del grupo y a la productividad.

c) Aquellos comportamientos que contribuyen a que el grupo continúe unido mediante la creación de una atmósfera agradable para los miembros.

d) Todos aquellos que no cumplen una función dentro del grupo.

**19. ¿Cuál es la fase más productiva de un equipo?**

a) Inicio.

b) Acoplamiento.

c) Madurez.

d) Agotamiento.

**20. ¿Cuál es el número ideal de participantes para un equipo de trabajo?**

a) Menos de 10

b) Más de 10.

c) No existe un número ideal en su composición, pero, en general, se admite que deben ser grupos reducidos.

d) No existe un número ideal en su composición, pero, en general, se admite que deben ser grupos muy numerosos.

En MADTEST tienes **más preguntas de este tema**, y todos tus avances quedan registrados y se reflejan en el ranking.

**¡Supera tus límites con MADTEST!**

# Solución al test n.º 15

**1.** b) Solucionar los problemas una vez que se han producido y detectado.

**2.** d) Alcanzar la calidad en cada una de las fases del proceso y en el producto final.

**3.** d) Son correctas las respuestas a) y b).

**4.** d) Todas las respuestas son correctas.

**5.** a) Por un proceso de mejora continua.

**6.** b) Manera de proceder, recursos necesarios en cada área de trabajo y fases del proceso.

**7.** b) Q.

**8.** a) Modelo de excelencia empresarial.

**9.** c) Verificación.

**10.** a) Un instrumento para recogida de datos.

**11.** b) Equipo: grupo de personas que se organiza para realizar actividades con objetivos precisos.

**12.** d) Todos los anteriores entre otros.

**13.** a) Equipo de trabajo formado por especialistas que cubren todas las áreas afectadas.

**14.** b) Activador.

**15.** d) Colaborador.

**16.** a) Indecisión.

**17.** d) Todas las respuestas son correctas.

**18.** a) Aquellos orientados a la satisfacción de los intereses individuales y suelen expresar las dificultades por las que pasa el equipo.

**19.** c) Madurez.

**20.** c) No existe un número ideal en su composición, pero, en general, se admite que deben ser grupos reducidos.

**Protección medioambiental. Nociones básicas sobre contaminación ambiental. Principales riesgos medioambientales relacionados con las funciones de la categoría**

**1. ¿Dónde se celebró la Conferencia de las Naciones Unidas sobre el desarrollo sostenible de 2012?**

a) Río de Janeiro.
b) Johannesburgo.
c) España.
d) Estocolmo.

**2. ¿Qué es la Agenda 21?**

a) Un protocolo español para la protección de zonas verdes.
b) Un programa de acción para el desarrollo sostenible.
c) Un programa para todos los países.
d) Son correctas las respuestas b) y c).

**3. ¿Qué energía llega hasta la superficie de la tierra?**

a) La energía emitida por el Sol.
b) La luz visible.
c) Toda la luz ultravioleta.
d) Ninguna.

**4. ¿Qué consecuencias tiene el deshielo de los glaciares?**

a) Aumento del nivel del mar.
b) Inundación.
c) Las dos respuestas anteriores son correctas.
d) Solo provoca un cambio climático.

**5. ¿Qué gases producen efecto invernadero?**

a) $CO_2$
b) $H_2O$
c) $CH_4$
d) Todos los anteriores.

**6. ¿Cuál de estos efectos se debe al cambio climático?**

a) Hielo.
b) Reforestación.
c) Desertización.
d) Todas las respuestas son correctas.

**7. ¿Qué función tiene la capa de ozono?**

a) Impedir el paso de parte de las radiaciones solares.
b) Hacer efecto invernadero.
c) Permitir el paso de la luz UV.
d) Todas las respuestas son correctas.

**8. ¿Qué principal problema ambiental ocasionan los residuos sólidos?**

a) El reciclado.
b) La contaminación del suelo.
c) La emisión de gases.
d) La contaminación atmosférica.

**9. ¿Cuál de estos parámetros define la calidad del agua?**

a) Elementos disueltos y turbidez.
b) pH y temperatura.
c) DBO y DQO.
d) Todas las respuestas son correctas.

**10. ¿Cómo se minimiza el vertido de agua en la lavandería?**

a) Prolongando los ciclos de lavado.
b) Reduciendo los ciclos de lavado.
c) Recirculando el agua en el túnel.
d) Eliminando los tratamientos de depuración.

**11. ¿Cuáles de los siguientes no son residuos sanitarios?**

a) Urbanos.
b) Sanitarios.

c) Asimilables a urbanos.
d) Citotóxicos.

**12. ¿Cómo se envasan los residuos sólidos?**

a) En bolsas negras que se introducen en otras bolsas de mayor galga y estas, a su vez, en contenedores.
b) En bolsas negras que se introducen en otras bolsas de menor galga y estas, a su vez, en contenedores.
c) En contenedores que se introducen en dos bolsas.
d) Directamente en vertederos controlados y autorizados.

**13. ¿Cómo se define la reutilización en la ley 7/2022, de 8 de abril, de residuos y suelos contaminados para una economía circular?**

a) Cualquier operación mediante la cual productos, o componentes de productos que no sean residuos, se utilizan de nuevo con la misma finalidad para la que fueron concebidos.
b) Las operaciones de valorización o eliminación, incluida la preparación anterior a la valorización o eliminación.
c) Cualquier operación cuyo resultado principal sea que el residuo sirva para una finalidad útil al sustituir a otros materiales que, de otro modo, se habrían utilizado para cumplir una función particular, o que el residuo sea preparado para cumplir esa función en la instalación o en la economía en general.
d) Toda operación de valorización mediante la cual los materiales de residuos son transformados de nuevo en productos, materiales o sustancias, tanto si es con la finalidad original como con cualquier otra finalidad.

**14. ¿Qué utilidad pueden tener los aceites y grasas vegetales usados?**

a) Compost.
b) Recuperar metales.
c) Jabón y biomasa combustible.
d) Todas las respuestas son correctas.

**15. ¿Qué son residuos citostáticos?**

a) Restos de medicamentos anticancerosos no aptos para su uso terapéutico.
b) Material sanitario de un solo uso que haya estado en contacto con el fármaco.
c) Excretas de los pacientes que han recibido tratamiento con citostáticos.
d) Todas las respuestas son correctas.

**16. ¿Quién se encarga de la manipulación y tratamiento de residuos radiactivos en España?**

a) El propio hospital.
b) ENDESA.

c) ENRESA.
d) El radiólogo.

### 17. ¿Por qué se deben segregar los residuos sanitarios en origen?

a) Porque asegura un adecuado tratamiento posterior.
b) Sale más barato.
c) Porque son residuos de baja peligrosidad.
d) No se segregan en origen.

### 18. ¿Qué es correcto sobre la recogida, trasporte y almacenamiento de residuos?

a) Los centros sanitarios han de tener claramente identificados sus puntos de producción de residuos.
b) Los envases, especialmente las bolsas de plástico, no deben arrastrarse por el suelo, sino que el carro deberá ser acercado lo máximo posible hasta el lugar de recogida.
c) La precaución más importante es que los envases estén convenientemente cerrados.
d) Todas las respuestas son correctas.

### 19. ¿Cuál es la altura máxima de apilamiento de envases de residuos?

a) 1 metro.
b) 5 metros.
c) El doble de la altura del envase.
d) Vendrá determinada por la resistencia del propio envase y la densidad de los residuos almacenados.

### 20. ¿En qué se basa la gestión intracentro de residuos?

a) Gestión de residuos que se lleva a cabo específicamente en los centros sanitarios.
b) Gestión de residuos que se lleva a cabo fuera de los centros sanitarios.
c) Tratamiento de los residuos vertidos.
d) Ninguna respuesta es correcta.

En MADTEST tienes **más preguntas de este tema**, y todos tus avances quedan registrados y se reflejan en el ranking.

**¡Supera tus límites con MADTEST!**

# Solución al test n.º 16

**1.** a) Río de Janeiro.

**2.** d) Son correctas las respuestas b) y c).

**3.** b) La luz visible.

**4.** c) Las dos respuestas anteriores son correctas.

**5.** d) Todos los anteriores.

**6.** c) Desertización.

**7.** a) Impedir el paso de parte de las radiaciones solares.

**8.** b) La contaminación del suelo.

**9.** d) Todas las respuestas son correctas.

**10.** c) Recirculando el agua en el túnel.

**11.** a) Urbanos.

**12.** a) En bolsas negras que se introducen en otras bolsas de mayor galga y estas, a su vez, en contenedores.

**13.** a) Cualquier operación mediante la cual productos, o componentes de productos que no sean residuos, se utilizan de nuevo con la misma finalidad para la que fueron concebidos.

**14.** c) Jabón y biomasa combustible.

**15.** d) Todas las respuestas son correctas.

**16.** c) ENRESA.

**17.** a) Porque asegura un adecuado tratamiento posterior.

**18.** d) Todas las respuestas son correctas.

**19.** d) Vendrá determinada por la resistencia del propio envase y la densidad de los residuos almacenados.

**20.** a) Gestión de residuos que se lleva a cabo específicamente en los centros sanitarios.

# TEST N.º 17

**Prevención de riesgos laborales en el servicio de lavandería y planchado. Evaluación de riesgos y puntos críticos. Prevención en el uso y manipulación de máquinas lava-centrifugadoras, túneles, manipulación de ropas en dichas lavadoras, plegadoras, túnel de ropa de formas, cargas, etc.**

**1. Cuál de las siguientes funciones corresponde al personal lavandero según el Estatuto del personal no sanitario en instituciones sanitarias?**

a) Se ocuparán de la limpieza de los locales de los servicios de plancha.

b) Efectuarán el planchado de toda clase de prendas, bien sea a mano o por procedimientos mecánicos.

c) Efectuarán los trabajos relacionados con el lavado de las ropas y prendas de la Institución, previa clasificación y recuento de las mismas.

d) Tendrán a su cargo la limpieza y desinfección de la maquinaria.

**2. Cuál es el riesgo principal asociado a las máquinas con partes móviles accesibles o no protegidas, como el tambor de la máquina de limpieza en seco o la lavadora?**

a) Riesgo de caídas en el mismo plano por suelos resbaladizos.

b) Riesgo de contacto eléctrico indirecto por avería.

c) Riesgo de atrapamientos, golpes y/o cortes.

d) Riesgo de quemaduras por superficies calientes.

**3. En la prevención de caídas en el mismo plano en el servicio de lavandería, ¿cuál de las siguientes medidas debe adoptarse?**

a) Mantener las vías de acceso y los pasos con iluminación natural.

b) Eliminar la suciedad, papeles, desperdicios, y obstáculos contra los que se puede tropezar.

c) Recoger los objetos abandonados de manera aleatoria al final de la jornada.

d) Colocar cintas adhesivas de señalización para los cables por el suelo.

**4. Para el almacenamiento seguro de materiales en estanterías, ¿cómo se recomienda que se distribuyan las cargas más pesadas y las de mayor uso?**

a) Las más pesadas en los estantes superiores y las de mayor uso en los inferiores.

b) Las más pesadas en los estantes centrales y las de mayor uso en los superiores.

c) Las más pesadas se colocarán en los estantes inferiores, y las de mayor uso en los estantes centrales.

d) Las más pesadas se colocarán en los estantes centrales, y las más ligeras en los estantes inferiores.

**5. Cuál es la distancia mínima de separación que se recomienda establecer entre las máquinas para mitigar el riesgo de golpes contra objetos inmóviles?**

a) Mínimo 100 cm.

b) Mínimo 60 cm.

c) Mínimo 80 cm.

d) Mínimo 75 cm.

**6. Si se produce una avería en la maquinaria o herramientas eléctricas, ¿qué acción debe realizar el personal antes de solicitar la reparación?**

a) Comunicar los daños y hacerlos reparar por personal autorizado, sin desconectar la tensión.

b) Desconectar la tensión y sacar el enchufe, y comunicar los daños para su reparación por personal autorizado.

c) Intentar reparar el fallo antes de desconectar la tensión.

d) Intentar reparar el fallo utilizando material aislante para protegerse.

**7. En general, ¿cuál es el nivel de ruido máximo que no debe superar una zona de trabajo para conseguir un ambiente sonoro confortable?**

a) No deberá superar los 65 decibelios.

b) No deberá superar los 75 decibelios.

c) No deberá superar los 85 decibelios.

d) No deberá superar los 70 decibelios.

**8. Cuál de los siguientes se considera un riesgo derivado de agentes físicos?**

a) Contacto con sustancias cáusticas y/o corrosivas.

b) Trabajos con posturas forzadas.

c) Proyección de fragmentos y/o partículas.

d) Exposición a fuentes de ruido generado por equipos o máquinas ruidosas.

**9. Cuál es la medida preventiva que se debe establecer para la utilización de productos que contienen sustancias químicas peligrosas?**

a) Exigir al proveedor la ficha técnica con el marcado CE.
b) Evitar el contacto de sustancias con la piel, y evitar el contacto con alimentos y bebidas.
c) Almacenar los productos en los locales de trabajo en estanterías homologadas.
d) Instalar un sistema de ventilación forzada sin necesidad de aspiración localizada.

**10. En relación con el riesgo de incendio en la lavandería, ¿dónde deben almacenarse los productos inflamables si no se utilizan para el trabajo del día?**

a) En armarios metálicos ignífugos de acceso restringido en el local de trabajo.
b) En locales distintos e independientes de los de trabajo, debidamente aislados y ventilados.
c) En el almacén general del centro, siempre que no superen los 50 kg de peso.
d) En armarios completamente aislados que compartan ventilación con el almacén general.

**11. ¿Cuál de los siguientes se considera un riesgo derivado del diseño de los puestos de trabajo?**

a) Trabajos no planificados.
b) Trabajos realizados con manejo de cargas o posturas forzadas.
c) Conductas personales ante los riesgos.
d) Falta de formación para trabajos en máquinas.

**12. Cuál debe ser la humedad relativa del aire en el lugar de trabajo cuando existe presencia de electricidad estática?**

a) Debe estar comprendida entre 30 y 70 % con carácter general.
b) Debe estar comprendida entre 40 y 60 %.
c) Debe estar comprendida entre 50 y 70 %.
d) No tiene relación con la electricidad estática, solo con la temperatura.

**13. Para prevenir el riesgo por inadecuada iluminación del lugar de trabajo, ¿qué acción debe realizarse periódicamente?**

a) Evitar reflejos.
b) Eliminar o apantallar fuentes de luz deslumbrantes.
c) Limpiar periódicamente las lámparas y luminarias.
d) Diferenciar el sistema de iluminación según el tipo de riesgo.

**14. ¿Qué medida preventiva se considera adecuada para mitigar el riesgo de estrés producido por trabajos no planificados o la rutina?**

a) Realizar la vigilancia periódica de la salud.
b) Delimitar la tarea por actividades afines.

c) Distribuir de forma clara las tareas y competencias.

d) No prolongar la jornada habitual de trabajo y compensarla con descanso adicional.

**15. ¿Qué factor puede provocar el riesgo de atropellos, golpes y choques con o contra vehículos en los centros de trabajo?**

a) La falta de uso de calzado de seguridad.

b) La falta de espacio para la circulación de vehículos.

c) El incumplimiento de la normativa de seguridad de las máquinas.

d) La excesiva distancia entre máquinas y estanterías.

**16. ¿Qué riesgo específico, además de contactos eléctricos y sobreesfuerzos, se deriva del uso de la maquinaria propia de una lavandería?**

a) Proyección de fragmentos.

b) Atrapamientos.

c) Vibraciones excesivas.

d) Quemaduras químicas.

**17. En relación con el mantenimiento preventivo de las máquinas de lavandería, ¿quién debe realizar las tareas de mantenimiento y reparación?**

a) El personal especializado que indique el fabricante o proveedor.

b) El personal de lavandería debidamente formado en el mantenimiento preventivo.

c) El jefe de partida o el responsable inmediato, en coordinación con el personal de mantenimiento.

d) Únicamente el personal de mantenimiento del centro.

**18. ¿Por qué es importante sacar la ropa de la secadora inmediatamente una vez que se ha parado la máquina?**

a) Porque el calor remanente puede deteriorar el tejido.

b) Porque se carga con electricidad estática y con un tiempo largo de reposo pueden producirse chispas capaces de provocar una llama.

c) Para evitar posturas forzadas en el momento de la extracción.

d) Para reducir la exposición del trabajador al ruido y a las altas temperaturas.

**19. ¿Cuál es la función del Área de extracción en la lavandería hospitalaria?**

a) Lugar donde los textiles son ordenados por categoría textil y por grado de suciedad y color.

b) Zona donde se extrae el exceso de agua de la ropa después de lavada (centrifugado).

c) Zona donde se plancha la ropa.

d) Área donde se almacena la ropa limpia hasta su distribución.

**20. ¿Qué se puede utilizar, entre otros métodos, para lograr la separación funcional del área de procesamiento de ropa sucia y el área de almacenamiento de ropa limpia?**

a) Barreras físicas.
b) Señalización de seguridad en el suelo.
c) Sistemas de ventilación con flujo de presión negativa desde áreas limpias a sucias.
d) Establecimiento de turnos de trabajo separados.

En MADTEST tienes **más preguntas de este tema**, y todos tus avances quedan registrados y se reflejan en el ranking.

**¡Supera tus límites con MADTEST!**

# Solución al test n.º 17

**1.** c) Efectuarán los trabajos relacionados con el lavado de las ropas y prendas de la Institución, previa clasificación y recuento de las mismas.

**2.** c) Riesgo de atrapamientos, golpes y/o cortes.

**3.** b) Eliminar la suciedad, papeles, desperdicios, y obstáculos contra los que se puede tropezar.

**4.** c) Las más pesadas se colocarán en los estantes inferiores, y las de mayor uso en los estantes centrales.

**5.** c) Mínimo 80 cm.

**6.** b) Desconectar la tensión y sacar el enchufe, y comunicar los daños para su reparación por personal autorizado.

**7.** a) No deberá superar los 65 decibelios.

**8.** d) Exposición a fuentes de ruido generado por equipos o máquinas ruidosas.

**9.** b) Evitar el contacto de sustancias con la piel, y evitar el contacto con alimentos y bebidas.

**10.** b) En locales distintos e independientes de los de trabajo, debidamente aislados y ventilados.

**11.** b) Trabajos realizados con manejo de cargas o posturas forzadas.

**12.** c) Debe estar comprendida entre 50 y 70 %.

**13.** c) Limpiar periódicamente las lámparas y luminarias.

**14.** c) Distribuir de forma clara las tareas y competencias.

**15.** b) La falta de espacio para la circulación de vehículos.

**16.** b) Atrapamientos.

**17.** a) El personal especializado que indique el fabricante o proveedor.

**18.** b) Porque se carga con electricidad estática y con un tiempo largo de reposo pueden producirse chispas capaces de provocar una llama.

**19.** b) Zona donde se extrae el exceso de agua de la ropa después de lavada (centrifugado).

**20.** a) Barreras físicas.

# TEST N.º 18

**Plan de emergencias ante un posible incendio. Medidas preventivas. Conceptos básicos. Medios técnicos de protección. Equipos de Primera Intervención (EPI), sus funciones. Actuaciones a realizar**

**1. ¿Qué nota técnica de prevención habla sobre el plan de emergencia contra incendios?**

a) 25.
b) 45.
c) 65.
d) 95.

**2. ¿Qué emergencias puede haber según su gravedad?**

a) Falsa alarma y conato de incendio.
b) Conato de incendio e incendio grave.
c) Incendio grave y gran emergencia.
d) Todas las respuestas son correctas.

**3. ¿Cómo sería la extinción de conatos de incendio?**

a) A nivel de extintores.
b) Aviso a bomberos.
c) Evacuación de personas.
d) Son correctas las respuestas b) y c).

**4. El plan de autoprotección es un documento único que no recoge:**

a) El inventario, análisis y evaluación de riesgos.
b) El programa de mantenimiento de instalaciones.
c) Identificación de pirómanos.
d) Mantenimiento de la eficacia y actualización del plan de autoprotección.

**5. ¿Cuál es la distancia máxima a recorrer desde cualquier punto hasta alcanzar un pulsador de alarma?**

a) 10 metros.
b) 25 metros.
c) 50 metros.
d) 100 metros.

**6. ¿Qué características tendrá la señal de comunicación de alarma?**

a) La señal será, en todo caso, audible, debiendo ser, además, visible cuando el nivel de ruido donde deba ser percibida supere los 60 dB (A).
b) La señal será audible y, en todo caso, visible.
c) La señal será siempre audible y nunca visible.
d) Ninguna respuesta es correcta.

**7. ¿Qué componentes tiene un sistema de bocas de incendio equipadas?**

a) Fuente de abastecimiento de agua.
b) Red de tuberías para la alimentación de agua.
c) BIE necesarias.
d) Todas las respuestas son correctas.

**8. ¿En qué tipo de extintor el agente extintor proporciona su propia presión de impulsión?**

a) Hidrocarburos halogenados.
b) Anhídrido carbónico.
c) Nitrógeno.
d) Polvo polivalente.

**9. ¿Qué factores se tendrán en cuenta para la elección de un extintor portátil?**

a) Clase de fuego.
b) Tamaño de fuego.
c) Fuerza de la persona.
d) Las respuestas a) y b) son correctas.

**10. Indica la afirmación correcta sobre el manejo de extintores portátiles:**

a) Dirigir el chorro a la base de las llamas con movimiento de arriba abajo.
b) En caso de incendio de líquidos, proyectar superficialmente el agente extintor efectuando un barrido evitando que la propia presión de impulsión provoque derrame del líquido incendiado.
c) Aproximarse lentamente al fuego hasta un máximo aproximado de un centímetro.
d) Aproximarse lentamente al fuego hasta un máximo aproximado de veinte metros.

**11. ¿Qué se debe hacer tras localizar el origen de una incidencia por incendio?**

a) Clasificar la magnitud del incendio.
b) Comunicar el hecho al Jefe de Emergencia o de Primera Intervención o a su sustituto.
c) Actuar siempre por parejas.
d) Realizar la evacuación de personas.

**12. ¿Cuál es la actuación correcta cuando un incendio no se puede controlar?**

a) Comunicarlo al Jefe de Emergencia, pero sin abandonar el lugar, el incendio podría reactivarse.
b) Evacuar la zona cerrando las puertas que se vayan dejando a la espalda e indicarlo al Jefe de Emergencia.
c) Atacar el fuego con los medios de extinción disponibles, manteniéndose siempre de espaldas al mismo.
d) Todas las respuestas son correctas.

**13. ¿Cómo se define el origen de evacuación?**

a) Cualquier punto ocupable.
b) Foco activo del fuego.
c) Longitud real sobre el eje de pasillos, escaleras y rampas.
d) Espacio cerrado y formado por elementos constructivos separadores. Puede abarcar diversas plantas pero constituye un sector de incendio.

**14. ¿Qué normas deben tenerse en cuenta en caso de evacuación por incendio?**

a) Mantener la calma y tranquilizar a las personas durante la evacuación.
b) Guiar a los ocupantes hacia las vías de evacuación.
c) No permitir la recogida de objetos personales ni el uso de ascensores.
d) Todas las respuestas son correctas.

**15. ¿Sobre qué trata el segundo documento del manual de autoprotección?**

a) Plan de emergencia.
b) Medios de protección.
c) Evaluación del riesgo.
d) Implantación.

**16. ¿A qué equipos nos referimos con aquellos que entre sus misiones fundamentales destacan preparar la evacuación, entendiendo como tal la comprobación de que las vías de evacuación estén libres de obstáculos, toma de puestos en puntos estratégicos de las rutas de evacuación y dirigir el flujo de evacuación? Equipos...**

a) De primeros auxilios.
b) De primera intervención.

c) De segunda intervención.
d) De alarma y evacuación.

**17. ¿Qué equipo representa la máxima capacidad extintora del establecimiento? El equipo…**

a) De primeros auxilios.
b) De primera intervención.
c) De segunda intervención.
d) De alarma y evacuación.

**18. ¿Qué es un ESI?**

a) Equipo de primera intervención.
b) Equipo de segunda intervención.
c) Equipo de servicio de información.
d) Equipo de evacuación.

**19. ¿Cuál es el documento 3 del manual de autoprotección?**

a) Evaluación del riesgo.
b) Medios de protección.
c) Plan de emergencia.
d) Implantación.

**20. ¿Cuál de las siguientes es función de los equipos de primera intervención?**

a) Combatir conatos de incendio con extintores portátiles.
b) Conocer exhaustivamente el plan de emergencia.
c) Ayudar a los equipos de emergencia externos.
d) Manejar los sistemas fijos de extinción.

En MADTEST tienes **más preguntas de este tema**, y todos tus avances quedan registrados y se reflejan en el ranking.

**¡Supera tus límites con MADTEST!**

# Solución al test n.º 18

**1.** b) 45.

**2.** d) Todas las respuestas son correctas.

**3.** a) A nivel de extintores.

**4.** c) Identificación de pirómanos.

**5.** b) 25 metros.

**6.** a) La señal será, en todo caso, audible, debiendo ser, además, visible cuando el nivel de ruido donde deba ser percibida supere los 60 dB (A).

**7.** d) Todas las respuestas son correctas.

**8.** b) Anhídrido carbónico.

**9.** d) Las respuestas a) y b) son correctas.

**10.** b) En caso de incendio de líquidos, proyectar superficialmente el agente extintor efectuando un barrido evitando que la propia presión de impulsión provoque derrame del líquido incendiado.

**11.** a) Clasificar la magnitud del incendio.

**12.** b) Evacuar la zona cerrando las puertas que se vayan dejando a la espalda e indicarlo al Jefe de Emergencia.

**13.** a) Cualquier punto ocupable.

**14.** d) Todas las respuestas son correctas.

**15.** b) Medios de protección.

**16.** d) De alarma y evacuación.

**17.** c) De segunda intervención.

**18.** b) Equipo de segunda intervención.

**19.** c) Plan de emergencia.

**20.** a) Combatir conatos de incendio con extintores portátiles.